VÉU DO PASSADO

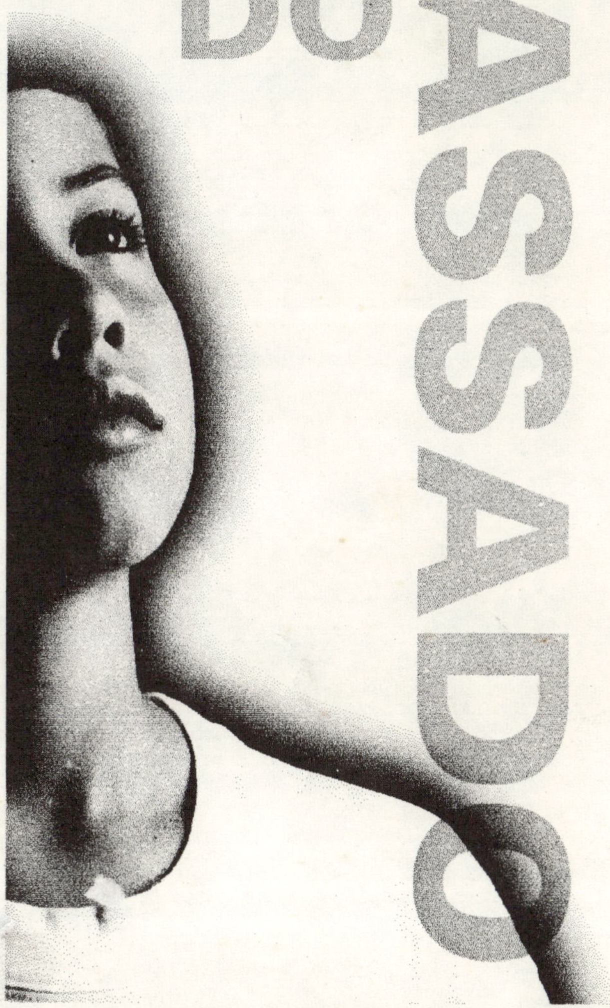

VÉU DO PASSADO

ESPÍRITO ANTÔNIO CARLOS

VERA LÚCIA MARINZECK DE CARVALHO

"Véu do Passado"

Antônio Carlos

psicografia de
Vera Lúcia Marinzeck de Carvalho

10.000 Exemplares
Lúmen Editorial Ltda.
Rua Conselheiro Ramalho, 946
São Paulo – SP – 01325-000 – Fone: 283.2418

Editoração Eletrônica e
Capa – **Ricardo Baddouh**
Revisão – **Valeska Perez Sarti**
Foto da Capa – **Renato Cirone**
Fotolito da Capa – **Binhos Fotolito Ltda.**
Fotolitos – **Fototraço Ltda.**
Impressão – **Gráfica Palas Athena**

Fale com a Lúmen:
e-mail **lumened@uol.com.br**

LÚMEN EDITORIAL

Sumário

A lembrança de nossas individualidades anteriores teria gravíssimos inconvenientes. Poderia, em certos casos, humilhar-nos extraordinariamente; em outros, exaltar o nosso orgulho, e, por isto mesmo, entravar o nosso livre-arbítrio. Deus nos deu, para nos melhorarmos, justamente o que nos é necessário e nos basta: a voz da consciência e nossas tendências instintivas, tirando-nos o que nos poderia prejudicar. Acrescentemos ainda que, se tivéssemos a lembrança de nossos atos pessoais anteriores, teríamos igualmente a dos atos alheios, e esse conhecimento poderia ter os mais deploráveis efeitos sobre as relações sociais. Não havendo sempre motivos para nos glorificarmos do nosso passado, é quase sempre uma felicidade que um véu seja lançado sobre ele. (1)

(1) Livro II – Capítulo VII – parte da questão 394, em *O Livro dos Espíritos*, de Allan Kardec.

869 – Com que objetivo o futuro está oculto ao homem?

— Se o homem conhecesse o futuro, negligenciaria o presente e não agiria com a mesma liberdade de agora, porque seria dominado pelo pensamento de que, se uma coisa deve acontecer, não adianta ocupar-se dela, ou então procuraria impedi-la. Deus não quis que fosse assim, a fim de que cada um pudesse concorrer para a realização das coisas, mesmo daquelas a que desejaria opor-se. Assim é que tu mesmo, sem o saber, preparas os acontecimentos que sobrevirão no curso da tua vida. (2)

(2) Livro III – Capítulo X, em *O Livro dos Espíritos*, de Allan Kardec.

I
A Ceguinha

— Pula, Ceguinha! – exclamou Ivone, uma coleguinha.

— Por favor, Ivone – disse Rose, a mãe da garota. – Ela chama-se...

— Desculpe-me! Já sei, chama-se Regina, que é um nome lindo, de fadas, de rainhas – respondeu Ivone.

— Regina significa rainha – corrigiu a menina. – Gosto do meu nome.

Um, dois e... um, dois e... – contava mentalmente e pulava.

As meninas pulavam corda. Brincadeira de crianças, que consiste em duas baterem a corda e a outra, ou as outras, pularem. Regina tanto batia com presteza, como pulava igual as outras. Não seria nenhuma proeza, se Regina não fosse cega.

A menina era cega de nascença, seus olhos negros eram parados, sem vida e menores do que os normais. Era bonita, cabelos negros, lábios finos, nariz arrebitado e com duas covinhas no rosto, que se acentuavam quando ria. E a garota estava sempre sorrindo. Parecia muito com o pai, Afonso. Por mais que a mãe pedisse para chamá-la pelo nome, muitos insistiam e a chamavam pelo apelido: “Ceguinha”.

A brincadeira continuou. Ivone puxou Regina pela mão e a colocou no lugar que teria de ficar; pôs a corda em suas mãos e esta bateu com presteza.

Regina morava nos arredores de uma cidade pequena, em uma pequena chácara onde os pais, além de criar aves, cultivavam frutas e verduras. Tinha uma irmã menor, de quatro anos, Isabela, que era linda. Puxara a mãe, loura, cabelos cacheados e com os olhos castanhos claros. Regina estava com doze anos. Gostavam muito uma da outra. E Isabela, embora mais nova, ajudava muito a irmã que, ainda que cega, era dotada de um temperamento forte e tentava fazer tudo o que os outros faziam; esforçava-se para ser auto-suficiente e independente.

Com eles morava Vovô Xandinho, pai de Rose. Sr. Alexandre, que todos carinhosamente chamavam de Xandinho, era uma pessoa muito boa, trabalhava ajudando o genro, era compreensivo e estava sempre auxiliando todos. Amava os netos. Tinha duas filhas: Rose e Mariana. Mariana morava perto, na encosta da montanha, num pequeno sítio onde o genro criava um pequeno rebanho de gados. E ela lhe dera três netos: Martinho, Onofre e Joaquim, o seu preferido Kim.

De sua casa, Xandinho podia ver as montanhas, não eram altas e em alguns lugares havia muitas pedras.

Estava após o almoço sentado a descansar, olhava as meninas brincarem. Sentiu muita pena da neta cega.

— Hora de ir para a escola! – gritou uma das mães e a brincadeira acabou.

— Vovô! O senhor está aqui? – gritou Regina.

— Sim, aqui, menina!

Regina caminhou guiada pelo som da voz do avô. A família tinha cuidado para não deixar nada estranho, nenhum objeto lançado pelo caminho, pela casa ou arredores, e a menina caminhava normalmente.

— Vovôzinho...

Sentou-se perto do avô e colocou a cabeça no seu colo. Após uns minutos de silêncio, Regina indagou:

— Kim virá hoje? Sinto falta dele.

— Deverá vir...

— Como é ele, vovô?

— É loiro como minha filha Mariana, mas os cabelos têm reflexos avermelhados. Tem algumas sardas douradas pelo rosto – o que lhe dá um ar travesso e inteligente – e os olhos são verdes. É um garoto bonito! Por que pergunta? Sabe lá, ó menina, como são as coisas, as pessoas?

— Não sei explicar como e por quê, mas sei – respondeu Regina. – Embora nunca tenha visto Kim, consigo imaginá-lo. Como também imagino Isabela e eu. Me vejo. Só que às vezes, vovô, me vejo como moça, com roupas compridas, retas e claras. Também sou morena, cabelos cortados retos e muito negros... (1)

---

(1) Para escrever esta história verídica, pesquisei com pessoas desencarnadas e encarnadas que foram e são cegas. Cada uma sentiu a cegueira de um modo. O espírito não é cego, nunca é deficiente, mas o perispírito, que é modificável, pode não ser perfeito. É ele, o perispírito, que normalmente dá a deficiência ao corpo físico. Mas há casos que, por decisão do indivíduo, pode ele ter o perispírito perfeito e ter o corpo com alguma anomalia. E para a pessoa privada de um dos sentidos, no nosso caso, a visão, seu modo de senti-la dependerá muito de ter ou não o perispírito deficiente. Se o corpo perispiritual for perfeito, desprendendo-se do corpo físico pelo sono, vê tudo e consegue muitas vezes passar para o cérebro físico somente algumas imagens. Porque, se cego de nascença, o cérebro não registra a luz, cores e formas. Já para as pessoas que têm também o perispírito deficiente, torna-se muito mais difícil imaginar o mundo colorido e as suas múltiplas formas. Regina, nossa personagem, não tinha o corpo perispiritual deficiente e, como era muito sensitiva, conseguia imaginar pessoas e objetos quase que com acerto. (N.A.E.)

— Lá vem você de novo... Entendo, minha netinha, eu a entendo... – disse Xandinho com carinho.

Sr. Xandinho foi trabalhar e Regina com Isabela ficaram na frente da casa brincando. Afastaram alguns metros e Isabela ia descrevendo o caminho.

— Estamos a alguns metros da estrada, à nossa esquerda está a cerca da horta, estamos à frente dos canteiros de alface. Cuidado, Regina, aqui tem buraco...

Mas avisou tarde. Num tropeção, Regina caiu, não machucou, mas irou-se. Bateu com as mãos fechadas no chão várias vezes.

— Desculpe-me – pediu Isabela, lamentando-se. – Não a guiei direito.

— Você não tem culpa! Sou uma burra!

— Você não é burra, é ceguinha! – falou a irmã tristemente.

— Não se lamente, Isabela. Eu é que além de ser cega sou distraída. Por que tenho que ser cega? Por quê?!

Continuou deitada no chão de bruços e bateu novamente no solo. Isabela pacientemente esperou a irmã se acalmar. Aí, novamente vieram algumas lembranças. Regina se viu adulta, má, colocando algo tóxico, um pozinho, num pote de pomada que um homem usava para passar nos olhos. Ele passou, sentiu queimar seus olhos e ficou cego, tendo muitas dores.

Levantou-se assustada, colocou a mão no ombro da irmã e disse:

— Leve-me para casa, Isabela!

Nos arredores do seu lar, deixou Isabela e gritou pelo avô, que veio rápido.

— Que houve, Regina?

— Caí...

— Machucou-se? – indagou o avô, preocupado.

— Não! Só que vi de novo, vovô. Eu era a mulher bonita e má. Foi só ficar nervosa e indagar o porquê de ser cega, vi tudo de novo.

— Conte-me tudo, Regina.

A menina acomodou-se perto do avô. Suspirou triste. Depois mais calma, falou:

— Não sei explicar o que acontece comigo. Recordo, mas nas minhas recordações vejo. Tenho a certeza de que sou a mulher, a moça. Sou pobre, mas muito bonita, quero casar com um jovem rico só pelo dinheiro. Faço de tudo para conquistá-lo, mas o pai dele desconfia das minhas intenções e começa a atrapalhar meus planos. Sabia que este senhor, o pai do meu pretendente, tinha uma doença nos olhos e que passava uma pomada neles todas as noites. Planejei uma vingança. Paguei caro por um pó a uma mulher que fazia remédios, venenos, com ervas. Fui à casa do pai dele, num horário em que sabia que ele não estaria; conversei amavelmente com meu namorado e pedi para ir ao quarto de banhos. Mas me dirigi rápida ao quarto do meu futuro sogro e coloquei o pó no seu remédio. Voltei à sala como se nada tivesse acontecido. Nestas lembranças, as coisas, os objetos, são muito diferentes do que são agora. Este meu vestido vai até o joelho; lá, vejo-me usando uma roupa que ia até os pés, reta, e fazia muito calor. Tal como planejei, à noite este homem passou o remédio nos olhos e teve uma queimadura terrível, sentiu muitas dores e ficou cego. Desconfiaram de mim, mas nada provaram. O filho deste homem acabou não me querendo, eu continuei má e fiz muitas coisas erradas. Vovô, quando tenho essas lembranças, me vejo perfeitamente, meu nariz, boca, meus olhos, tudo, só não vejo o rosto do homem que ceguei. Não vejo seu rosto!

— Não sei lhe explicar o que acontece com você, Regina – disse o avô. – É melhor não falar isto a ninguém, não entenderão. Talvez um dia venhamos compreender tudo isto e ficará mais fácil.

— Vovô, por que tenho medo do papai? Tenho receio de que ele me castigue, porém nunca o fez. Ele é tão bonzinho!

— Não sei... – respondeu o avô, coçando a cabeça, pensativo.

Um tanto desolada, Regina caminhou de volta a casa; em vez de entrar, sentou-se num banco encostado na parede, debaixo da janela da cozinha. Ali ficou quieta a cismar. Ouvindo seus pais na cozinha conversando, prestou atenção na conversa.

— Rose – disse o pai –, preocupo-me muito com Regina. Gostaria de ajudá-la, só que não sei como. Se pelo menos o médico tivesse dado alguma esperança...

— Você já faz demais, Afonso – respondeu a mãe. – Foi com muito sacrifício que ajuntou o dinheiro para levá-la à capital do nosso estado e pagar a consulta daquele médico importante. Só eu sei o tanto que trabalhou, aqui na nossa chácara e no emprego provisório, com o nosso vizinho.

— E por ela faria e farei mais! Se pudesse, trocaria meus olhos pelos dela. Trocaria feliz, ficaria de boa vontade cego no lugar dela.

— Você é um excelente pai, Afonso – disse a mãe. – Regina o ama!

— Não sei – respondeu o pai –, às vezes ela me parece tão arredia...

Mudaram de assunto. Regina escutou quietinha e as lágrimas escorreram pelo rosto. Meses atrás tinha ido com seu pai a uma cidade grande. Ficou contente com o passeio, com a viagem. Embora estivessem todos esperançosos, ela não se entusiasmou, tinha a certeza de que continuaria cega. O médico foi muito atencioso e respondeu tentando ser o mais agradável possível, quando ela indagou se voltaria a enxergar.

"Não, Regina, seus olhos não têm vida, não há qualquer possibilidade de você voltar a enxergar."

Não se importou. Sabia, sentia que não teria chances. Mas seu pai chorou, o médico a deixou com a enfermeira e foi conversar com ele.

Gostou do hotel, só que em lugares estranhos não caminhava sem auxílio e teve que aceitar a ajuda do pai. Estava conformada, sempre esteve, e queria viver da melhor forma que lhe fosse possível. Mas sentia a sinceridade do pai, quando dizia que ficaria, se possível, cego em seu lugar. Emocionou-se.

Novamente as lembranças vieram...

Estava em frente de um homem, pai do seu pretendente, e este lhe falava:

"Se você não o ama, largue-o..."

"Amo-o e ele me ama" – respondeu cínica.

"Não acredito, farei tudo para separá-los."

Olhou-o bem, agora vira o rosto, sabia quem era. Depois, viu-o cego, com os olhos brancos, sem vida, cicatriz de queimadura.

Regina sentiu que tudo isto havia passado há muito, muito tempo. Sentindo remorso por este erro, procurou o homem que cegou, encontraram-se. Ele lhe disse bondosamente:

"Já a perdoei, tudo isto passou há tanto tempo... Naquela encarnação, não fiquei cego por acaso. Minha cegueira também teve motivos. Colhi o que plantei. Não é melhor você, em vez de sofrer a cegueira, trabalhar fazendo o bem? Resgatar seus erros com o trabalho edificante?"

"Há muitas encarnações que planejo, antes de reencarnar, fazer o Bem e me perco. Faço planos de ser boa, de fazer o Bem e, na carne, deixo para depois; envolvo-me nas ilusões materiais e volto triste e derrotada. Tive muitas oportunidades de fazer o Bem, todos nós temos, só que não fiz. Agora, volto cega. Não só resgato meu erro, como tenho a certeza de que a cegueira me fará mais humilde e prestativa. Sentindo esta deficiência, quem sabe aprendo a ser mais benevolente."

"Sendo assim, reencarnarei e a receberei por filha, mas... você poderá esquecer..."

"Não. Preparei-me para recordar" – disse ela, resoluta.

"Sente-se forte para isto?" – indagou ele com carinho.

"Tenho que tentar, já perdi muitas oportunidade. Mas, tendo-o por pai, eu me sentirei mais forte."

"Eu não lembrarei..."

"Mas continuará bondoso" – ela falou.

Antes de reencarnar, quando estava no Plano Espiritual, recordou todo seu passado, muitas de suas reencarnações. Sentiu muito remorso por ter feito alguém ficar cego. Procurou a pessoa que atingiu e pediu perdão. Foi recebida com carinho, este há muito havia perdoado e quis ajudar o desafeto do passado, atando laços de carinho e amor, tornando-se, assim, um grande afeto.

— Regina, que faz aqui? Está quase na hora do jantar – indagou o avô, que viera do quintal para a casa.

— Vovô, vovôzinho – disse a menina –, lembrei... Agora sei quem era o homem que ceguei, era meu pai.

— Seu pai! – exclamou o avô. – Regina, embora o Frei Manoel negue, porque a Igreja dele não aceita, tenho pensado que João pode ter razão. João é de uma religião, a Espírita, que acredita que Deus nos criou dando oportunidades de voltar muitas vezes num corpo de carne, como este agora. Ele diz que somos espíritos eternos e que não vivemos uma vez só. Ele me pareceu coerente. Que é uma vida de quarenta ou sessenta anos perto da eternidade? Viver aqui estes pouquinhos anos e... depois... ou o céu, ou o inferno. Segundo ele, nascemos e morremos muitas vezes em corpos diferentes. Isto se chama reencarnação. E disse mais: que Deus é muito justo e bondoso, criou-nos perfeitos; nós, com nossos erros, é que atraímos as dificuldades e deficiências. E que muitas religiões, principalmente as orientais, de outros países muito longe daqui, acreditam neste fato.

— Este Sr. João me parece certo. Ao ouvi-lo falar, me pareceu que isto é verdade. Faz sentido! Quero crer nisto, é mais humano. Se isto aí, a reencarnação, existir mesmo, então não estou louca e nem imagino. Errei no passado e Deus bondoso não me mandou para o inferno. Deve existir uma causa justa para ter nascido cega. Vovô, converse mais com este senhor, preste atenção e depois me fale tudo. Também não vou desconfiar mais do papai. Ele é bondoso!

— Seu pai é mesmo bondoso e muito honesto. Talvez sua desconfiança fosse porque você lhe fez mal no passado e temia que ele revidasse. Mas Afonso superou isto. Vamos entrar, o jantar está pronto.

— Está parecendo que chorei? – Regina indagou.

— Não.

— Meus olhos são mortos, mas choram...

Entraram e o jantar foi servido. Regina alimentou-se quieta, o pai se preocupou, porque ela estava sempre sorrindo e conversando. Ele indagou:

— Alimentou-se direito, Regina?

— Sim, paizinho. Comi tudo. – Num impulso, levantou-se, aproximou-se dele e o beijou. – Amo o senhor!

Afastou-se e Afonso, que nunca recebera um agrado da filha, a olhou emocionado, com lágrimas nos olhos.

II

O Menino que Adivinhava

Kim subiu correndo a encosta da montanha, com seu entusiasmo de garoto de oito anos. Ia ao encontro de seus irmãos, já moços, que naquela hora estavam trabalhando no pasto. Seguia contente e nem reparava na belíssima paisagem, pois tudo aquilo fazia parte do seu cotidiano. Nascera ali e conhecia todos os lugares e habitantes.

Chegara da escola, almoçou rápido e teve a permissão da mãe para ir visitar o avô, mas antes tinha que levar o almoço aos irmãos.

Tropeçou, escorregou e quase caiu.

— Ah! Se estivesse chovendo! – exclamou alto. – Bem, se chovesse, não correria assim!

Sentou-se por instantes numa pedra e já ia continuar a corrida, quando viu à sua frente seu pai discutindo com um homem mal-encarado e barbudo, que lhe era completamente desconhecido. Seu pai estava nervoso e com medo. Kim olhou-o bem e o viu jovem, parecido com seu irmão Onofre. Na discussão, o barbudo pegou um enorme punhal e avançou ameaçadoramente para seu pai. Os dois rolaram e o barbudo caiu em cima da terrível arma. Seu pai, apavorado, chorou, enterrou o barbudo e colocou em cima uma pedra, aquela em que estava sentado.

Kim levantou-se rápido, observou tudo e, pronto, não viu mais nada; não tinha nada ali, nem o pai, nem o barbudo e nem a pá. Esfregou os olhos, olhou tudo novamente.

"Que vi?! Será que aconteceu ou vai acontecer?"

Quis chorar, desistiu, não sabia por quê. Mas não chorava, não conseguia. Talvez por ser homem, pensou, homem não chora, diziam-lhe sempre. Mas não era por isto que não o fazia. Chorar, como dizia o avô, é do ser humano e não importa que este ser humano seja homem ou mulher. Tinha mesmo que falar com o avô e com Regina, eles o entendiam. Temia por seu pai, mas como preveni-lo? Ainda lhe doía a surra que o pai lhe dera quando contou ao Sr. José, o dono do armazém, que foi Dona Mariquinha que furtou o par de tamancos. Também, recordou os conselhos de Dona Leocácia, sua bondosa professora, depois que descobriu que foi Reinaldo quem quebrou a carteira.

"Joaquim, não dê uma de cigano! Não fica bem para o melhor aluno da classe delatar colegas. Se você descobrir algo, mesmo que seja errado, cale-se, é o melhor."

— Ah! – suspirou ele, falando alto. – Se ela soubesse que estudo, sim, que gosto de aprender, mas que sei tudo o que vai cair nas argüições... Talvez não mais me chamasse de inteligente. É melhor não falar nada ao papai, vigiarei ele e o defenderei deste homem mau.

Kim pensou no seu pai, este estava envelhecido, quase não falava e nunca ria.

Correu, entregou o almoço aos irmãos e rumou para a casa dos tios. Chegando foi gritando pelo avô.

— Vô Xandinho! Vô Xandinho!

Encontrou primeiro a prima Isabela. Adorava esta prima,

que para ele era linda como a flor mais bonita que existe. Queria que ela fosse sua irmã. A pequena, ao vê-lo, correu ao seu encontro.

— Kim, machuquei o meu dedinho!

Pelo olhar da menina, podia ver que o amor era recíproco. Os dois se queriam muito bem. Kim a pegou, beijou e soprou o dedo machucado.

— Coitadinha! – exclamou Kim carinhoso. – Isabela, onde está o vovô?

— Lá no quintal.

— Kim! Você não vem me cumprimentar?

Regina estava na porta. Kim colocou a pequerrucha no chão e foi até a outra prima.

— Oi, Ceguinha! Como vai, Regina?

— Bem, e você?

Kim não respondeu, não estava nada bem, não quis preocupar a prima, também gostava muito dela. E sempre que podia a ensinava. Ela queria muito aprender, ir à escola, mas não podia; para não deixá-la triste, o que aprendia tentava passar para ela.

— Vou ensinar você a contar até cem hoje. Volto logo, vou conversar com vovô.

Isabela olhava Kim maravilhada. Para ela, o primo era tudo; acompanhou-o com os olhos e Kim foi para o quintal, chamado pelo avô.

— Aqui, menino! Pare de gritar!

— Vovô – foi logo falando –, vi algo impressionante. Não sei o que fazer!

— Você de novo!

Suspirou. "Ora", pensou Xandinho, "por que tenho dois netos tão diferentes? Tão esquisitos?" Parou com o trabalho, abriu os braços amorosamente e o menino refugiou-se neles.

— Vovô...

O avô era o único amigo em quem podia confiar. Regina também o entendia. Mas aquele assunto era sério demais para uma menina. O avô o escutava, não o chamava de mentiroso e aconselhava. E ele não sabia como agir, ninguém via as coisas como ele.

Xandinho arrependeu-se de ter dito "você de novo". Pela segunda vez, naquela semana, havia dito para Kim e Regina. Seus netos não tinham culpa, pelo menos naquela existência. No momento não faziam nada de errado. Se tivessem culpa, deveria estar lá no passado, que ficou para trás... Se ele os amava, embora sem compreender o que ocorria, tinha que ajudá-los.

— Não se aborreça, meu neto. Conte-me tudo! Acredito em você e o ajudarei. Vem, sentemos aqui nesta sombra.

Xandinho deixou a enxada de lado, escutou o neto, que agora mais calmo contou a visão que tivera perto da pedra.

— E agora, vovô, que faço? Corro o risco de falar e levar outra surra. Se não falo, papai pode ser morto ou matar.

— Você não viu seu pai jovem? Então já aconteceu. Profeta também vê o passado.

— Profé-tá? Quê? – perguntou o menino.

— Nada, esquece, chamo-o assim porque gosto. Me deixe pensar uns momentos.

Kim pegou um pauzinho e se pôs a rabiscar o chão, senão teria notado que o avô ficara nervoso. Xandinho pôs-se a recordar.

Fora um episódio triste e acontecido com o genro há muitos anos. Foi quando acampou perto da cidade um bando de ciganos. E um deles, Ivo, apaixonou-se por sua filha Mariana, que já era casada com Sebastião e mãe de dois filhos pequenos. Assediou-a, deixando todos inquietos.

Quando partiram, todos ficaram aliviados, mas o tal cigano voltou para raptar a moça. Não a achando em casa, subiu a montanha pensando encontrá-la; porém encontrou foi com Sebastião, discutiram e este morreu. Aconteceu como Kim dissera, como o garoto vira. Só sabiam disto ele, a filha e o genro. Agora, pensou, necessitava tranqüilizar o neto.

— Kim, meu neto, preste atenção no que vou lhe falar. O que você viu já aconteceu. Seu pai não é um criminoso, defendeu-se somente, há tempo...

Contou-lhe tudo. O bondoso velhinho preferiu falar toda a verdade ao neto. Nada como compreender a verdade. Kim escutou silencioso, prestando muita atenção.

— Pobre papai! O cigano não lhe dá sossego.

— Por que diz isto, Kim? – indagou o avô. – O que você sabe?

— Nada, vovô, só pressinto. Papai é triste, calado, e sofre.

— É verdade. Porém digo a você que agiria como ele agiu. Eu o abençôo por ter ele defendido minha filha. O que aconteceu foi um acidente. Você entendeu? Ninguém, ninguém mesmo, nem Regina pode saber.

O avô sabia que ele e Regina, amigos confidentes, não escondiam nada um do outro.

— Não falo a ninguém, nem ao papai, nem a mamãe, eles não precisam saber que adivinhei. Vovô, tem ainda perigo de papai ser preso?

— Não sei – respondeu Xandinho preocupado. – O perigo maior é o bando saber e querer vingar do seu pai. Ciganos são ruins.

— Em todas as raças há bons e maus – respondeu o menino. – O senhor lembra da história do Barão que viveu nestas terras? Ele era rico, dizia ser de raça pura, sangue disto e daquilo, e foi tão mau, tão ruim.

— É verdade. Kim, você me promete não contar a ninguém o que viu?

— Prometo!

— Amanhã vou passear na cidade. Quer ir comigo? Pedirei ao seu pai.

— Quero! Até logo, vovô. Agora vou ensinar Regina.

Saiu correndo, Xandinho ficou preocupado, mas voltou ao trabalho. Pensou: "Vou pedir ajuda ao Frei Manoel, é o único que conheço que tem mais instruções. Tenho que ajudar estes meus dois netos."

Kim foi brincar um pouco com Isabela, depois foi para perto de Regina, que já o esperava.

— Irei hoje ensiná-la a contar até cem. Trouxe as pedrinhas que faltavam – disse Kim.

— Há bem mais números do que cem, não há? – indagou a menina, querendo aprender.

— Se há! Tem tantos números que não acabam, são infinitos, porque sempre se pode colocar mais um e aumentar a contagem. Haja pedras!

— Ora, é só imaginá-las.

— É mesmo! – disse Kim suspirando. – Estas cem nos bastam. Você é inteligente! Pegue-as! Vou ensinar as formas. Está é redonda, é igual ao zero, a letra "o"; e a letra "a" é só pôr um rabinho.

— Que é rabinho? Eu tenho?

— Bem, só quando a tia lhe prende os cabelos. Na letra "a" é um traço curvo. Vamos contar...

Kim cursava o segundo ano da escola. Tudo que aprendia tentava ensinar à prima cega. Inteligente, ela ia aprendendo. Após ter ensinado à prima, Kim foi para casa. Naquele dia prestou atenção nos pais, eles não eram alegres como os tios; calados, quase não falavam, só os três conversavam, ele e os dois irmãos. Olhou bem a mãe, ela preparava o jantar, estava triste como sempre. Achou-a envelhecida. O pai chegara do campo. Triste e calado como de costume, sentou-se numa cadeira, estava cansado. Num impulso, Kim foi para perto dele e o beijou.

— Amo-o, papai!

O pai ensaiou um sorriso e passou a mão em sua cabeça. "Não", pensou, "não vou contar a mais ninguém, não quero o meu pai preso, o melhor é esquecer o que vi."

No outro dia cedo, sábado, não tendo aula, o avô foi buscá-lo para passear na cidade conforme combinaram. Foram na velha charrete do avô. Num solavanco a charrete empinou para um lado.

— Vovô Xandinho, o senhor precisa consertar isto aí. – Kim mostrou a armação que sustenta a charrete. – Ela vai virar com o senhor.

— Não sei fazer isto, já tentei consertá-la e não consegui. Gosto desta charrete, não quero me desfazer dela, transportei nela sua falecida avó e minhas filhas. Você está vendo algum acidente? Irei cair? – perguntou o avô.

— Sim, vejo-o cair da charrete, mas não irá morrer.

— Então não tenho com que me preocupar.

— Tem sim, seu braço, vovô, com o acidente ficará imobilizado, não irá mais mexer com ele – disse Kim, sério.

— Ora – disse Xandinho –, não me aborreça, vamos falar de outra coisa. Este assunto é muito sério para um garoto de oito anos.

Embora acreditando no neto, Xandinho resolveu continuar usando a charrete. Não tinha dinheiro para consertá-la e nem para comprar outra. Depois, gostava muito de ir até a casa paroquial conversar com seu amigo Frei Manoel, e, a pé, cansava muito. Chegando, dirigiu-se à casa do amigo e deixou o neto à vontade. Este correu para um grupo de meninos e foram jogar bola.

A casa paroquial era simples, seu amigo sacerdote era pobre. Bateu e foi Frei Manoel que lhe abriu a porta. Cumprimentaram-se contentes.

Sentados na sala, Xandinho foi direto ao assunto que lhe trouxera ali.

— Frei Manoel, estou preocupado com meus netos, Regina e Kim. A menina diz que vê e é cega. Nas suas visões ela se vê adulta, recorda coisas que seria impossível ela saber. Descreve cenas incríveis como se ela realmente já tivesse vivido em outros lugares. Joaquim é um profeta. Diz o futuro com facilidade. Agora mesmo me disse para ter cuidado, senão irei cair da charrete. Ele me viu caindo, como também disse que não vou morrer com o acidente, porém ficarei com o braço imobilizado.

— Ora, acho que está se preocupando demais. Regina fala o que talvez tenha escutado, ela me parece muito fantasiosa. E qualquer um pode prever um acidente com sua charrete, ela está velha e nossas estradas, ruins.

— E o caso dos tamancos? Ele soube quem os furtou – disse Xandinho preocupado.

— Isto é... – falou o frei pensativo.

— É um profeta!

— Profeta, meu caro Xandinho, é aquele que prediz o futuro. Denomina-se mais aquele que prediz fatos religiosos. Na Bíblia há inúmeros profetas.

— É isto que me preocupa, todos foram mortos e judiados, falou Xandinho.

— Nem todos... – rebateu Frei Manoel.

— Quase todos. Kim é um menino que profetiza, adivinha.

— Talvez seja melhor o termo adivinha. Esqueça o profeta – falou o frei.

— Quando ocorreu o roubo do tamanco, ele estava em

sua casa. Já recomendei a ele não falar mais nada do que vê. Coitada da mulher! Passou uma vergonha – disse Xandinho.

— Porém roubou! – replicou Frei Manoel.

— Ele também adivinha o passado!

— Adivinha o passado?! – falou Frei Manoel, estranhando. – Adivinhar não é só o futuro? O passado passou.

— Bem, é que ele viu com detalhes um fato que ocorreu há anos atrás, antes dele nascer. E me contou direitinho.

— Que fato é este? Conte-me – pediu o padre.

— Não posso, é segredo de família.

— É um fato incomum?

— É...

— Ocorreu em um lugar um tanto deserto? – O frei continuou indagando.

— Foi!

— Ele deve ter escutado de alguém.

— Impossível... – falou Xandinho convicto.

— Bem, talvez ele tenha feito uma psicometria. Leu no Plano Astral de um objeto ou lugar que se passou. Entendeu, Xandinho?

— Não – respondeu Xandinho aborrecido.

— Não tem importância, o assunto é mesmo complicado e nem eu entendo direito. Parece que existem pessoas que estudam isto. Dizem que tudo que acontece fica gravado e há pessoas que podem ler.

— E é normal pessoas fazerem isto? – perguntou Xandinho, curioso.

— Não – respondeu o frei sério.

— Então, meu neto não é normal. Isto é assunto muito complicado. Não quero vê-lo morto como os profetas.

— Os tempos são outros, embora dizer a verdade nem sempre agrade a todos. Kim não é anormal, ele só deve ter algo que não é comum. Aconselhe-o, como também Regina, a não falarem o que vêem.

— Aconselho-os a mentir? – perguntou Xandinho.

— A mentir não, a não dizerem o que vêem.

— Você, Frei Manoel, não está me ajudando muito. O menino já levou surras por isto. E Regina, além de cega, sofre por ver coisas. Talvez o João, aquele que é Espírita e diz que existe lá uma tal de reencarnação, que vivemos muitas vezes em corpos diferentes, tenha uma certa razão.

— Ora, Xandinho, você não deve acreditar nisto.

— Será que não é preferível do que acreditar num Deus carrasco que fez minha neta inocente ser cega? Por quê? – pergunto. Ele a fez num dia de mau-humor? Foi o acaso? Ele a fez cega e não se apiedou pela menina ser privada da visão? Isto é lá justiça? Acharia Deus mais justo, se não castigasse inocentes, e se não deixasse este "acaso" acontecer a torto e a direito. Agora, se Deus é bom e justo, Regina deve ter reencarnado muitas vezes, ter feito algo bem errado e nesta vida ter tido a cegueira como resultado. Só que, por algum motivo, ela recorda...

— Ora, Xandinho, para tudo devem existir explicações. Não vá procurar o João. Vou pesquisar o caso deles, tiro conclusões e acharei solução.

Conversaram mais um pouco e Xandinho despediu-se, fez suas compras e voltaram para casa. Kim estava contente com o passeio. Amava muito o avô.

— Kim, vou lhe pedir algo, ficarei muito feliz se você fizer. Quero que tudo que vir conte primeiro a mim, eu decidirei o que fazer. Você já é um homenzinho, é estudioso e inteligente, mas não entende muito das coisas como eu. Frei Manoel vai nos ajudar, vamos acabar com estas coisas estranhas que acontecem com você. Não quero que o castiguem por isto. Enquanto você tiver estas visões, ou o que for que sejam, conte para mim, eu o ajudarei.

— Vovô, Frei Manoel não irá me ajudar. Acho que não necessito da ajuda que ele pode me dar. Isto é coisa minha!

— Como sabe, Kim? – perguntou Xandinho, sério.

— Acaso, vovô, não sabemos o que é nosso? Isto é meu!

Abaixou a cabecinha pensativo. Xandinho procurou dizer algo que animasse o neto, porém calou-se, não soube o que dizer. Talvez, conclui o bondoso senhor, o garoto tivesse razão; sabemos o que possuímos, às vezes, não queremos aceitar, mas sabemos.

Mudaram de assunto e a alegria voltou a brilhar no rostinho de Kim.

Passaram sete dias e lá vem correndo Kim atrás do avô.

— Vovô, vovô, acuda-me... Onofre quer me bater.

— Que aconteceu?

Xandinho largou rápido o que estava fazendo e Kim abraçou suas pernas. Onofre chegou, não falou nada, como também não teve coragem de pegar o garoto.

— Que houve, Onofre? – perguntou Xandinho preocupado. – Por que quer bater no menino?

— Vovô – disse Onofre –, não quero bater nele, só quero que me explique.

— Eu vi! Eu vi! – gritou Kim.

— Como, moleque? Como? – falou Onofre nervoso. – Vovô, Kim me disse ter visto Rafaela abraçada a outro homem. Rafaela nega com veracidade. Quero que ele me explique. Se mentiu, bato nele. Rafaela me ama, vamos noivar e casar. Em quem devo acreditar, vovô, em Rafaela ou em Kim?

— Calma! – apaziguou o avô. – Sentemos aqui. Kim, me responda: – Onde você viu Rafaela com outro homem? Onde estavam?

— Na frente da casa dela. Tinha muitas pessoas em volta, todos alegres e com roupas novas. Rafaela estava com flores na cabeça. Estava bonita!

— Vovô – disse Onofre –, Rafaela não usa flores na cabeça e por estes dias não houve aglomeração de pessoas à sua porta. Depois, ninguém viu.

— Calma, Onofre! – disse Xandinho. – Kim, me responda: – Você também viu Onofre entre estas pessoas?

— Acho que não! Não sei! – respondeu Kim sincero.

— Você sonhou? Viu mesmo? Foi passado ou futuro? Será que não era o casamento deles? – continuou indagando o avô.

— Não sei, vovô, não sei... – Kim aconchegou-se no colo do avô e este o abraçou.

— Onofre, preste atenção – disse o avô. – Quando moça coloca flores na cabeça é porque vai casar. Kim a viu vestida de noiva. Ele apenas sonhou, como é pequeno não sabe distinguir sonho da realidade. Não brigue com ele! Esqueça!

— Se ela vai casar e se está abraçada com outro, não será comigo – disse Onofre, triste.

— Ora, sonhos são sonhos! – exclamou o avô, tentando tranqüilizá-lo. – Você casará com ela, com certeza. Agora façam as pazes e esqueçam deste assunto.

— Está bem – disse Onofre. – Não estou mais bravo com você, Kim. Não tem culpa. Se viu, está visto. É esperar para ver. Como é ruim saber o futuro...

Levantou-se e foi embora.

— Kim, que mais viu que não me contou? – indagou o avô.

— Vi mamãe doente e uma grande avalanche de terras e pedras cair da montanha.

— Não pedi para não dizer nada do que vê? Quase que Onofre lhe bate – disse o avô.

— Vovô, só contei a ele porque vi!

— Você viu o futuro, Kim, não tem o direito de contar. Onofre ama Rafaela, está sofrendo antecipadamente.

— Não quero que Onofre sofra! – disse o menino triste. – Não quero que ninguém sofra!

— Isto passa, logo ele esquece. Profeta pequeno não sabe distinguir passado, presente e futuro.

— Profe... o quê? – perguntou Kim. – Por que me chamam disto?

— Não vou chamá-lo mais! Esqueça você também este assunto.

— Vovô, não quero mais ver isto. Queria ser igual aos outros meninos. Não quero ver mais nada. Por que vejo, vovô? Por quê?

Xandinho alisou seu cabelos avermelhados, beijou sua testa.

— Vou ajudá-lo, Kim. Vou tentar...

Kim foi brincar com as primas. Xandinho os olhou com amor.

Ainda bem, pensou, que Regina estava calma naqueles dias. Depois que teve aquelas visões, estava em Paz e muito amiga do pai, que pelos carinhos da filha estava muito feliz.

— Ah, meu Deus! – exclamou Xandinho alto. – Inspire-me para que possa ajudar meus netos!

III

O Passado de Rose

Kim passou a ver os acontecimentos que ocorriam à sua volta com mais freqüência. Mas, obedecendo ao avô, passou também a evitar de comentá-los.

Na escola, sabia sempre o que ia cair nas avaliações, como também quem fazia isto ou aquilo. Evitando confusões, aprendeu a calar-se, mas às vezes, na sua inocência, acabava falando algo que gerava alguns desentendimentos. Por isto, passou a prestar mais atenção no que falava. Seus amigos eram Isabela, Regina e o seu avô.

Regina, depois que lembrou dos acontecimentos, das ações que resultaram na reação de sua cegueira, estava mais calma e por nada reclamava. Entendera que ter sido privada da visão fora por justiça e que ninguém a estava punindo. Como também passou a ser mais espontânea e carinhosa com o pai, acabara o medo que sentia dele. Aprendia com Kim que este estudava na escola. Era uma garota alegre e conversadeira. Era conhecida de todos, mas às vezes tinha por lá os curiosos, querendo saber como ela fazia isto ou aquilo. Respondia com espontaneidade, era agradável e todos gostavam dela.

Num domingo, saíram para passear. A tarde quente contribuiu para que as mães reunissem e levassem os filhos, todas crianças para brincarem perto do rio. Era um lugar bonito, as águas eram limpas e no local que foram havia um pedaço com a margem de areias claras, que era chamado de prainha. Logo que chegaram a garotada foi brincar. Regina divertiu-se com eles, mas, quando entraram na água, ela ficou sentada junto com a mãe e as outras senhoras. Tinha medo d'água e a mãe temia que por não enxergar a garota se afogasse.

Ficou quieta escutando as mulheres conversando, falando de vestidos, enfeites, assuntos femininos. Regina então viu sua mãe. Ela teve uma visão da encarnação anterior de sua mãe. Viu-a muito enfeitada, orgulhosa de sua beleza, a dançar, a cantar e sair com muitos homens. Empolgada com a visão e com o assunto que escutava, comentou alegre:

— Mãe, a senhora se lembra dos seus vestidos decotados? Aqueles que usa para dançar e para sair com aqueles homens? A senhora fica linda toda enfeitada. A senhora dorme com aqueles amigos?

— Regina!!! – gritou a mãe apavorada. – Que diz, menina? Por que mente assim?

— Ora, só vi...

Regina assustou, nem se deu conta direito do que disse. A mãe veio furiosa para perto dela e lhe deu duas fortes bofetadas no rosto.

— Mentirosa! Quando me viu sair assim enfeitada e com outros homens?

Rose começou a chorar. As senhoras calaram apreensivas e Regina não sabia o que dizer. Ficou quieta e começou a chorar baixinho. Rose aos gritos chamou por Isabela, que veio correndo.

— Vamos embora! Regina me mata de vergonha. Menina mentirosa!

— Não ligue, Rose – disse uma das senhoras. – Talvez

seja pela cegueira. Ser cega é duro, não é culpa dela inventar coisas.

— É bem estranho inventar isto! Quem será que lhe falou isto? – comentou outra senhora.

Rose nervosa pediu para Isabela guiar Regina e foram para casa.

— Mato você de bater – disse Rose chorando.

Isabela tentou amenizar, mas não sabia o que havia acontecido. Ficou quieta e tratou de obedecer à mãe. Regina ficou com medo, os tapas da mãe doíam e nem conseguia entender o que sucedera.

Quando chegaram, Isabela com medo da mãe surrar Regina, gritou aflita pelo pai e pelo avô que vieram correndo. Espantaram-se ao ver Rose chorando sentida. Entraram em casa.

— Agora vou bater em Regina – gritou Rose, pegando a cinta.

O pai intercedeu:

— Rose, acalme-se. Conte-nos primeiro o que aconteceu.

— Afonso, que vergonha! Preciso dar uma lição nesta menina mentirosa. Sabe o que ela disse na frente de todas minhas amigas? Que eu me enfeito, uso roupas decotadas, saio com outros homens e que durmo com eles.

Chorou mais alto ainda.

— Regina – disse o pai –, por que disse isto?

— Porque vi e achei que poderia falar – disse a menina, chorando também.

— Como viu, Regina? – indagou o pai. – Primeiro você não enxerga, segundo, sua mãe é honesta, ouviu bem? Nunca usou roupas indecentes e nem se enfeitou. Por Deus! Sair com homens?

— Ela não merece apanhar? – Rose falou continuando a chorar. – Você, Afonso, precisava ver os olhares desconfiados de algumas de minhas amigas. Morro de vergonha! Logo eu que me orgulho de ser honesta e direita. Por nada deste mundo iria trair você. Meu lar me é sagrado. Não tenho nada com a vida de outras pessoas, a mim não importa se alguém quer ser desonesto. Mas não eu! Sou honesta e quero ser sempre. (1)

— Bata nela – disse Afonso –, mas não exagere!

Rose bateu em Regina. Magoada, envergonhada, teve naquele momento o ímpeto de corrigir a filha. Para ela, Regina mentiu de maneira maldosa. Xandinho ficou quieto e, quando Rose olhou para ele, este chorava. Ela parou, só dera umas três cintadas. Dirigiu-se ao pai:

— Foi o senhor que disse estas besteiras a Regina?

— Não foi ele – disse Regina. – Continue a bater, se quiser. Peço-lhe perdão! Não fiz por mal, não queria envergonhá-la.

— Está bem, espero que tenha aprendido a lição e que minhas amigas esqueçam – Rose falou triste.

— Filha – disse Xandinho –, sua conduta é a resposta. Talvez algumas delas a vigiem. Continue a proceder como sempre. Elas vão entender. E Regina dirá a elas que inventou tudo.

— O senhor tem razão! Não vou mais bater em você, Regina. Mas, se inventar outra, corto-lhe a língua. Aí ficará cega e muda!

Regina chorava e Isabela também. O avô as acalmou, deu-lhes água. Abraçaram-se.

— Vem, Regina – disse Xandinho –, vamos lá no quintal. Você fica, está bem, Isabela?

— O senhor também irá surrá-la? – perguntou a pequerrucha, desconfiada.

---

(1) Rose em sua encarnação anterior tinha sido uma prostituta e sofrera muito. Desencarnada, fez um propósito firme de voltar a encarnar e ser honesta. Conseguiu. Com estes acontecimentos, sentiu em seu íntimo o medo de voltar a errar. Mas quando queremos, podemos. Rose nesta existência foi honesta, conseguiu vencer suas más tendências. (N.A.E.)

— Não, Isabela, só vou conversar com Regina. Vamos, menina!

Regina já mais calma acompanhou o avô. Tanto os tapas como as cintadas lhe doíam. Sentaram-se embaixo de uma árvore e Regina abraçada ao avô chorou sentida. Xandinho acariciou e esperou que a menina extravasse seus sentimentos.

— Vovô, foi injusto! Nem sei por que mamãe ficou tão brava. Foi a primeira vez que apanhei.

— Será a última, Regina. O que você disse foi muito grave. Descreveu sua mãe como se ela fosse uma prostituta.

— Que é isto?

Xandinho explicou tudo à neta, que voltou a chorar.

— Ah, vovô! Por que fui dizer aquilo tudo?

— Regina, se você viu seu passado, deve ter visto também o de sua mãe. Talvez Rose em existência anterior fosse uma meretriz e agora se esforça muito para ser honesta, e se orgulha de ser. Talvez tudo isto tenha marcado muito nossa Rose. Regina, evite confusões, tudo que vê, não fale. Aja nestas ocasiões como se fosse muda.

— E é assim que vou ficar. Mamãe disse que me cortará a língua.

— Ela nunca iria fazer isto. Mas ficou magoada.

— Não falo mais nada. Posso ver, mas não irei falar mais. Juro por Deus que não falo!

— Está jurado! – falou o avô. – Jurou por Deus, está jurado!

Regina foi para casa, entrou na sala e pelas vozes percebeu que o pai estava sentado ao lado de sua mãe. Foi para perto deles e disse chorando:

— Mamãe, peço-lhe perdão de novo! Não sei por que falei aquilo tudo! Veio na cabeça. Prometo não falar mais besteiras. Vou desmentir, direi a todas que sonhei.

— Regina – disse o pai –, onde você escutou isto?

— Não sei, papai, veio na cabeça. Não escutei de ninguém.

— Não disse? – falou Afonso. – Não disse, Rose, que Regina talvez seja vítima do diabo? Ele está tentando nossa menina. Vamos, Regina, vou levá-la para Frei Manoel benzê-la.

— Sim, senhor.

E lá foram Afonso e Regina para a casa paroquial. Afonso explicou rápido o acontecido e pediu para Frei Manoel benzer a filha. Este o fez. Orou e jogou água benta na menina, dizendo:

— Regina, não dê importância a estas visões ou seja lá o que vier na cabeça. Se as tiver, não fale a ninguém. Certo? Promete?

— Sim, senhor, prometo!

— Sua filha vai ficar boa, Afonso, podem ir sossegados – falou Frei Manoel.

Afonso foi embora esperançoso e Regina calada. Quando chegaram, a menina pediu ao pai:

— Papai, posso ficar aqui fora?

— Pode!

Regina planejou ir ao rio. Logo que escutou barulho do pai entrando em sua casa, pegou o pau, quase uma bengala, que seu pai fizera para que tateasse o chão. Este objeto ficava encostado na parede perto da porta da entrada. Regina não gostava de usá-lo, mas era uma emergência. Andou depressa, ao redor de sua casa, conhecia tudo e podia andar rápido. Depois foi devagar, tateando o solo com o pau.

"Vou até a prainha, encontro a turma e digo já que menti e que arrependi, peço a todos que esqueçam e que me desculpem. Assim evitarei que mamãe passe mais vergonha ainda" – pensou Regina.

Nunca tinha ido longe sozinha, mas achou que seria fácil achar o caminho. E andou sem problemas.

Kim estava com a família sentado na frente de sua casa. Descansavam na tarde do domingo. Os três irmãos conversavam e os pais, de vez em quando, falavam algo dando algum palpite.

De repente... Kim arregalou os olhos, levantou-se e ficou assim por instantes.

— Regina! – gritou Kim – Meu Deus! Regina está sozinha perto do rio.

— Impossível – disse Mariana. – Como a menina estaria sozinha lá?

— Vou lá!

Gritou e saiu correndo. Martinho e Onofre correram atrás dele gritando que esperasse, mas Kim afobado correu em disparada.

— Ué! – exclamou Regina alto. – Sinto cheiro do rio, e sinto seu barulho, estou perto das águas, mas não escuto vozes da turma. Será que vim parar em lugar errado? Talvez a prainha seja logo adiante. Mas para que lado? Vou por este...

— Regina! Regina! Pare aí! Não dê mais nenhum passo!

— Kim!

— Pare! Pare!

Regina parou e não se moveu. Logo todo ofegante Kim chegou perto dela.

— Regina, por que está aqui? Dê-me sua mão!

Onofre e Martinho chegaram também ofegantes pela corrida.

— Regina, menina louca! Que faz aqui neste lugar perigoso do rio? – indagou Onofre.

— Perigoso? Mas não estou na prainha? – perguntou Regina, assustando-se.

— Queria ir à prainha? – falou Martinho. – Pois veio no lugar errado. A prainha é mais para lá. Venha, seguro você e vamos por ali, aqui é cheio de pedras, é perigoso.

— Perigoso?! – falou Regina como medo.

— É, Regina – disse Kim –, aqui é onde o rio é mais fundo e tem muitas pedras escorregadias. Se andasse alguns metros para frente, rumo ao rio, poderia escorregar e cair nele. Mas ande, venha!

Andaram, saindo das pedras, e os três ofegantes sentaram para descansar.

— Meu Deus! – exclamou Regina ainda assustada. – Se caísse no rio, iria morrer! Como souberam que estava aqui?

— Foi Kim – disse Martinho. – Ele a viu e correu, corremos atrás. Teve lá outra esquisitice. Mas foi uma boa esquisitice, pudemos salvá-la. Como foi que tia Rose a deixou vir aqui sozinha?

— Bem, eles não sabem. Resolvi vir e vim.

— E quase morreu! – disse Onofre. – Regina, por que fez isto? É errado!

— É uma longa história. Mas como vão saber mesmo, vou lhes falar. Depois do almoço, vim com a turma na prainha. Aí, tive uma visão e falei, só que ofendi a mamãe. Resolvi vir pedir desculpas às amigas dela e dizer que inventei.

— Sua mãe a surrou? – perguntou Kim com dó dela.

— Levei uns tabefes!

— Coitadinha! – exclamou Kim sentido, e abraçou Regina.

— Obrigada, Kim! – falou Regina comovida.

— Mas que disse para que a tia lhe batesse? – perguntou Onofre.

— Falei que ela se enfeitava e saía com outros homens.

— Exagerou, menina! – comentou Martinho. – Isto é grave!

— Mas ela veio se desculpar – defendeu-a Kim.

— E quase morre! – retrucou Martinho.

— Agora já descansamos, vamos embora – disse Onofre, levantando-se.

— Queria ir à prainha – pediu Regina.

— Já é tarde, Regina – comentou Onofre. – Quem foi à prainha deve ter voltado. Logo escurece. Vamos para casa, levaremos você. Os tios devem estar preocupados.

Regina colocou as duas mãos nos ombros de Kim e este a guiou. Na casa dela não tinham ainda percebido sua falta. Quando Afonso chegou, foi contar o acontecido na Igreja à esposa e ao sogro. Regina gostava muito de ficar pelo quintal e eles acharam que ela, aborrecida, estava em algum canto em redor da casa e não se preocuparam. Assustaram quando viram os quatro chegando.

— Tio Afonso – explicou Onofre –, estávamos em casa, quando Kim gritou que Regina estava perto do rio e saiu correndo. Martinho e eu corremos também. Achamos Regina lá nas pedras e estamos trazendo-a de volta.

— Regina, minha filha! – exclamou Afonso. – Que fazia lá?

— Achei que podia ir à prainha, queria me desculpar e...

— Regina – Rose correu e a abraçou –, não precisava se desculpar assim. Que perigo! Poderia ter morrido se caísse no rio. Não faça mais isto! Se sair de novo sem avisar, surro você!

— Não saio mais! – falou Regina timidamente.

— Vamos para casa, Kim – disse Onofre. – Mamãe deve estar preocupada. Saímos correndo de lá.

Os três irmãos foram embora, contaram o acontecido aos pais, desta vez ninguém ralhou com Kim.

A pedido de Regina, Isabela a levou à casa de todos que estavam na prainha. E ela humilde e envergonhada desmentiu para todas as amigas de sua mãe. Terminava dizendo:

— Só queria chamar a atenção e inventei tudo.

Escutou de tudo.

— Entendo você, Regina, não precisa se desculpar.

— Não precisa chamar mais atenção; por ser cega, chama demais.

— Que lhe sirva de lição! Rose não merece que uma filha invente tudo isto. A coitada já sofre muito tendo você cega.

Muito triste, Regina voltou para casa já na hora de dormir. No outro dia cedo, foi conversar com o avô.

— Regina, sinto muito tudo o que lhe aconteceu. Não lhe recomendei que não dissesse o que vê?

— Vovô, jurei não falar mais e não falarei!

— Isto, Regina! Não falando evitará confusões.

À tarde Kim foi vê-la.

— Obrigada, Kim, você me salvou.

— Sabe, Regina, ontem foi a primeira vez que me alegrei por ver o que acontece ao longe. Talvez não seja tão ruim isto que acontece comigo.

— Eu jurei e vou cumprir: não falo nunca mais nada do que vejo.

— Nem a mim? – perguntou Kim.

— Nem a você. Não falo nunca mais, aconteça o que acontecer.

— Eu não jurei e nem vou jurar.

— E as surras? – indagou Regina.

— Dói, mas passa. Se você tivesse morrido por eu não ter falado, a dor não ia passar.

— Kim, tente evitar confusões – pediu Regina.

— Vou tentar entender o que posso ou não dizer. Vovô irá me ajudar.

Foram brincar. Os meses passaram rápido e o episódio desagradável do passado, da encarnação anterior de Rose, foi esquecido.

IV

As Dificuldades de Kim

Dois anos se passaram, Xandinho estava mais despreocupado. Pareceu-lhe que Regina sarara, nunca mais falou nada de esquisito; acharam que a benzeção de Frei Manoel fizera efeito. Kim não dera mais problemas. Quando ele via algo, falava somente para o seu avô, que tentava ajudá-lo a conviver melhor com suas visões. Por isso nem foi procurar João, o Espírita. Só que Regina continuou a ter suas visões, mas, de opinião, não mais as comentava.

A horta de Afonso era bonita e bem cuidada e as pessoas da cidade iam muito lá para adquirir verduras e aves. Regina ficava por ali conversando e tentando ajudar a mãe e o avô nas vendas.

— Observe, Regina – disse Dona Tereza, uma compradora. – Pegue nos meus braços. Percebeu como são tortos?

Regina passou a mão nos braços da senhora que queixava.

— Tenho reumatismo, sinto muitas dores – continuou a senhora a explicar para a menina.

Regina teve outra visão. Viu Dona Tereza como uma senhora poderosa, dona de muitos escravos. Andava sempre com um chicote nas mãos, e estava sempre a chicoteá-los, quando suas ordens não eram atendidas de imediato.

Empalideceu e ficou segurando as mãos de Dona Tereza. Acabou por indagar:

— A senhora gosta de negros?

— Ora, Regina, sou negra! – exclamou Dona Tereza. – Por que pergunta isto?

Xandinho e Rose alertaram, largaram o que faziam e prestaram, temerosos, atenção em Regina.

— Regina! – disse a mãe preocupada.

— É porque, Dona Tereza – falou Regina rápido –, penso que negros são muito bonitos.

— Ah! – exclamaram os três juntos. Xandinho e Rose ficaram aliviados e foi Dona Tereza que respondeu:

— Não sei se negro é mais bonito que branco. Tanto há negros e brancos feios ou bonitos. É questão de gosto. Quando era criança e mocinha, não gostava de ser negra, agora acostumei. Você não enxerga, não pode entender e eu não sei como lhe explicar. Creio que deve continuar pensando que negros são bonitos. Você, Regina, é uma menina educada e boa. Continue assim. Até logo!

Xandinho ia comentar com a neta se esta viu algo, mas não o fez, porque ela, ao escutar os elogios, sorriu alegre.

De fato, Regina estava contente e pensou:

"É assim que tenho que agir. Se tivesse falado o que vi, certamente Dona Tereza não teria gostado e provavelmente me dariam outra surra. Antes ouvir que sou educada e boazinha do que mentirosa. Que me importa se ela usou o chicote para castigar? Agora é negra e não gosta, já sofreu por isto; tem dores, braços e mãos tortos. É bem melhor não falar mais o que vejo. Assim, não arrumo confusões."

Regina estava sempre vendo o passado dela e de quem se aproximava. Não comentou mais, nem com o avô, nem com Kim, seu melhor amigo.

Kim fez dez anos. Naquele dia, ao chegar à escola um colega foi correndo avisar:

— Kim, seu avô caiu da charrete e está no consultório médico.

A cidade não tinha hospital. Kim correu para o consultório do médico. Junto do avô estavam algumas pessoas que o socorreram. Ao chegar, escutou o avô comentar:

— Meu neto adivinhou e me alertou. É verdade, Kim adivinha tudo! Ele me disse: "Vovô, o senhor irá cair desta charrete velha, não irá morrer, mas seu braço não moverá mais." Por isto, doutor, cuide do meu braço, mas duvido que fique bom.

Kim entrou e abraçou o avô. Todos olharam curiosos para ele, o avô entristeceu.

— Desculpe-me, meu neto. Sempre o aconselhei a não falar o que vê e acabei falando.

Kim foi para casa e todos comentaram o acidente e a adivinhação do menino. Só não levou uma surra do pai, porque Xandinho não deixou.

Por meses as pessoas o olharam de modo diferente, mas esqueceram e tudo pareceu voltar ao normal. Xandinho quebrou o braço. Ao tirar o gesso não conseguiu movê-lo mais e passou a tê-lo imobilizado. Ficou muito amargurado e arrependeu-se de não se ter desfeito da velha charrete.

Kim começou a ver o cigano. Primeiramente viu um vulto. Não teve medo. Isto lhe pareceu natural, rotineiro, sentiu que já tinha visto muitos mortos do corpo, mas vivos em espírito. Dias depois, viu-o e entendeu que era o cigano morto nas montanhas. Percebeu que podia também falar com ele, que o espectro o ouvia e respondia. Ivo, o cigano, estava sempre por ali, ora com sua mãe, ora com o pai. Era feio, tinha o peito ferido, que parecia estar sangrando, barba por fazer, as roupas rotas, aspecto cansado e triste.

— Que faz aqui? – perguntou o menino. – Vá embora!

— Não e não! – respondeu Ivo. – Matou-me sem dó! Vou ficar com eles.

Kim, sem saber o que fazer, contou ao avô. Este se pôs a orar para que o cigano tivesse e desse paz.

Mariana, sua mãe, ficou doente; sua doença foi agravando e o menino ficou muito triste. Isabela era a única que o fazia rir. Ele a amava muito. Ia sempre à casa do avô, continuava ensinando Regina. Mas esta não gostava mais de escutar seus problemas. Como jurou não mais falar, não quis escutá-lo. Ele respeitou a prima e nada mais comentava com ela do que se passava com ele.

Kim passou a trabalhar ajudando a cuidar do gado. Mas dava sempre um jeitinho para ir ver o avô e Isabela. Naquela tarde de outono, o céu se carregava de nuvens. Kim conversava com as primas, quando Rose as chamou para o banho. Ele ficou sentado num banco na frente da casa.

"Vai ser depois de muitos dias de chuva que terras e pedras cairão da montanha!"

Pensou e suspirou. Muitas vezes tivera esta visão. Sabia que ia demorar, aconteceria dali a uns anos, pois se vira moço, a correr aflito para o local. Mas não sabia por que ia para lá e o que aconteceria após.

Viu um passarinho, esqueceu a visão que lhe parecia ser desagradável e se pôs a observar o pássaro.

— Olá, passarinho! – exclamou baixinho. – Que faz aí sozinho?

O pássaro voou em círculos. Kim levantou-se e olhou o pequeno reservatório d'água, perto da casa, que chamavam de lago. Lá estavam muitos pássaros. Certamente este que via pertencia ao bando. Sabia que eles partiriam com a aproximação do inverno.

— Boa sorte, meu pássaro! Boa sorte! – exclamou sentando novamente.

O pássaro trilou. No íntimo Kim sentiu sua resposta. "Obrigado, necessitarei de sorte, a travessia é longa e tempestades podem nos amedrontar."

– Por que não fica? – disse o menino baixinho.

"Meus companheiros vão. Temos que ir, sempre vamos. Tenho meus ovos para botar."

— É fêmea?

"Sim. Não vê minha cor e delicadeza? Sou mais bonita!"

— Por que você não vem para perto de mim? – pediu o garoto.

"Tenho medo! Os homens costumam nos fazer muito mal. Nos trancam ou nos matam."

— Eu não faria mal a você!

"Adeus! Necessito ir. Partiremos em breve."

Num vôo mais alto, partiu para o lago em direção ao bando.

Kim se pôs a pensar, teria conversado com o pássaro ou imaginado?

— Conversando sozinho ou com aquele passarinho? – indagou o avô, que abrira a porta atrás do banco onde ele estava sentado.

— Passarinha, vovô, é fêmea.

— De fato, pelo porte e cor é fêmea. É sempre bom conversar com os animais.

— Verdade, vovô?

— Sim, animais também são criação de Deus. E não foram criados para serem maltratados. Eles gostam de homens, mas os temem. Necessitam de proteção.

— O senhor conversa com eles? – perguntou o menino.

— Às vezes, porém não respondem.

— Pois a mim essa passarinha respondeu.

— Quando usamos o coração como intuição, até os pássaros nos respondem. Amor é comunicação.

— Vovô, mamãe está falando tão pouco! Estou triste em vê-la tão doente.

— Minha filha Mariana agoniza, como a tarde – falou Xandinho, triste. – Seu olhar é doce e cheio de carinho.

— Não quero que ela vá embora, vovô, não quero!

— Não lamente! Quando alguém morre é só o corpo que some, a alma, o espírito emigra. É como os pássaros, mudam de lugar, mas voltam. Sua mãe os ama e o Amor é laço forte. Tenho a certeza de que ela olhará por vocês e, quem sabe, voltará um dia.

Kim levantou-se e olhou o lago. Não viu a passarinha, mas sabia que estava lá. Seria assim com sua mãe? Iria mudar com a morte, mas voltaria. Quem cria raízes sempre volta.

O garoto foi para sua casa. Dias depois Mariana desencarnou, deixando Sebastião mais triste ainda.

Kim passou a ver o cigano com mais freqüência. Não o temia e resolveu seguir o conselho do avô, conversar mais com ele. Ivo lhe contou sua vida e o menino escutou pacientemente. Terminou dizendo:

— Vivemos muitas vezes, menino! Amei Mariana em muitas encarnações e esta ingrata sempre preferiu Sebastião, sempre este maldito. E nesta ele me matou!

— Ivo – falou o garoto bondosamente –, não podemos forçar ninguém a nos amar. Mariana, minha mãe, quando o conheceu já era casada e tinha dois filhos.

— Eu sei! Mas eu a queria. Se não fosse este maldito que me matou, ficaria com ela.

— Onde está seu povo, onde estão seus familiares? Não vieram procurá-lo? – perguntou o menino.

— Eles não têm parada, mudam sempre. Não concordaram comigo quando quis raptar Mariana, então me separei deles. Nem sabem que morri. Minha morte não foi vingada, por isto vingo eu mesmo.

Ivo afastou-se triste. E Kim não perdeu mais uma oportunidade de conversar com ele.

— Você se lembra, Ivo, de quem era o punhal que o feriu? – indagou o garoto certo dia.

— Era meu! Lembro-me bem, gostava daquela arma.

— Então como você foi ferido por ela?

— Ora, Sebastião tomou-a de mim, roubou-me, não sei – respondeu Ivo, inseguro.

— Como meu pai iria roubá-la ou tomá-la de você? Ele sempre foi fraco e você muito forte. Onde guardava seu punhal?

— Na cintura – respondeu Ivo pensativo.

— O que você foi fazer na montanha?

Quando as perguntas se tornavam inconvenientes para ele, Ivo sumia. Preferia acusar Sebastião e continuar odiando. Mas, com o menino perto de Sebastião, o cigano não conseguia atormentar sua vítima. O olhar sereno e calmo do garoto o incomodava. Depois passou a gostar dele, pois lhe dava atenção, não o temia e orava por ele. Kim só falava sobre isto ao avô, não comentava nada em casa e seu pai não sabia deste fato. Mas Sebastião passou a ficar apegado ao filho caçula. Perto dele se sentia melhor. Kim acabou o curso na escola. Agora, se quisesse continuar os estudos, teria que ir para uma cidade maior. Como não era possível, parou de estudar e passou a ajudar mais seus irmãos e fazer companhia ao pai.

Com isto, passou a ir muito pouco à casa dos tios. Mas ia sempre com alegria rever as primas, principalmente Isabela que crescia, ficando, para ele, cada vez mais linda. Sempre a ajudava nas tarefas escolares e continuava ensinando Regina, que conseguia aprender muitas coisas, mas infelizmente não conseguia ler e isto a entristecia.

Onofre, seu irmão, ia casar com Rafaela. O dia tão esperado chegou. Todos bem vestidos iam para a festa. Ali, naquela pequena cidade, todos os casamentos e batizados eram festas.

Quando a noiva saía de sua casa para ir à igreja, ia a pé, pois morava a poucos metros desta. Muitos convidados a esperavam para acompanhá-la. Ouviu-se um grito.

— Rafaela! Rafaela! Minha irmã querida!

Era um irmão de Rafaela que há muitos anos havia partido para trabalhar longe dali e voltava sem avisar. Todos se emocionaram, principalmente os familiares da noiva, que se exaltaram, festejando seu regresso.

Kim se recordou da visão que tivera tempos atrás em que Onofre quase lhe surrara. Ele tinha visto Rafaela enfeitada com flores e abraçada com outro homem. Aproximou-se de Onofre.

— Não tinha visto Rafaela abraçada toda feliz com outro homem?

Onofre suspirou. Tinha sofrido tanto com a visão do irmão! O avô aproximou-se e falou baixinho ao neto que ia casar:

— Sofreu porque não confiou. Poderia Rafaela ter abraçado o pai, irmão ou um familiar qualquer, mas, dando "asas" ao ciúme, preferiu pensar que ela abraçaria outro pretendente.

Onofre concordou com a cabeça.

Foi um casamento lindo.

Sebastião ficou muito doente. Kim cuidava dele com extremo carinho. E continuou a insistir com Ivo para que não atormentasse seu pai. No começo queria se ver livre dele, depois passou a gostar do cigano e querer que ele tivesse paz e que fosse feliz.

— Então, Ivo, me fala, o que você foi fazer na montanha?

— Matar Sebastião! – confessou um dia. – E roubar Mariana.

— Vocês lutaram, não foi? Você morreu, porque caiu em cima de sua própria arma – insistiu o garoto.

— A culpa foi dele!

— Foi sua! Se não tivesse ido lá, nada disto tinha acontecido.

— Teria levado Mariana comigo e teria sido feliz.

— Seria mesmo, Ivo? Mariana, minha mãe, não o queria, nunca o quis. Agora ela está tão morta como você. Já a viu?

— Não – respondeu Ivo triste. – Ela não ficou por aqui. Partiu com os bons espíritos.

— Esquece esta vingança, homem! Vá embora! Por que não vai se reunir a seu bando?

Ivo não lhe respondeu, mas estava muito pensativo. Um dia veio despedir de Kim.

— Vou embora, menino. Vou pedir auxílio no Centro Espírita. Lá eles socorrem pessoas mortas como eu. Adeus!

De fato, Ivo pediu ajuda no único Centro Espírita que havia na pequena cidade, onde João trabalhava com dedicação e Amor, e foi socorrido por eles. Kim alegrou-se, sentiu agora que Ivo ia ter paz.

Martinho também ia casar. Só esperava o pai melhorar, mas Sebastião piorou e não conseguiu sair mais do leito. Um dia cedo, assim que se levantou, Kim viu sua mãe.

— Mamãe! Mamãe! Que saudade!

Correu para perto do vulto, quis abraçá-la, não conseguiu. Mariana ficou perto dele e o beijou na testa. O menino a viu, mas não sentiu o beijo. Seu coração batia descompassadamente. Alegrou com a preciosa visita.

— Filho – disse Mariana –, tenho pressa. – Vim ajudar seu pai a partir. Tenha fé, meu Kim, muita fé e paciência. Você não é como os outros, por isso tem que compreender mais.

— Fica comigo, mamãe!

— Não posso!

— Então me leva com a senhora! – pediu o menino.

— Também não posso! Cada um tem um período para ficar no corpo físico. Temos que respeitar. Não queira voltar antes do tempo, isto nos separaria para sempre. Até logo, filho, devo ir com seu pai. Receba minhas bênçãos!

Viu sua mãe ir para perto da cabeceira da cama de seu pai, então percebeu que outros dois vultos ali estavam a mexer no corpo dele. Logo depois todos sumiram. O menino aproximou-se apreensivo. O pai estava quieto, não respirava mais. Estava morto.

— Martinho! Martinho! Acorda! Papai morreu! – gritou Kim, acordando o irmão.

Com a morte do pai, Martinho resolveu casar e morar com a esposa na casa dos pais. O menino se alegrou, quando os tios e o avô o convidaram a morar com eles. Ele gostou, aceitou e passou então a residir com os tios e o avô.

Os tios gostavam dele, Regina e Isabela ficaram contentes com a presença do primo. Ele passou a dormir no quarto do avô. Xandinho andava com dificuldades, mancava de uma perna e não mexia com o braço.

— Você não teve mais visões? – perguntou Xandinho preocupado.

— Pararam, talvez porque cuidava do papai.

— Quem sabe você não as terá mais.

— Tomara, vovô, tomara que não as tenha mais.

Kim passou a ajudar o tio na horta, mas também auxiliava os irmãos. Saía pouco de casa. Quando o fazia, era para acompanhar o avô, que ia conversar com Frei Manoel e sempre ficava na praça esperando. Foi lá, um dia, que presenciou a confusão. Dois policiais corriam atrás de um homem que fugia apavorado. Pegaram o homem.

— Ladrão! Roubou o Senhor Francisco! – esclareceu um dos policiais. – Senhor Francisco lhe deu esmola e ele roubou sua carteira.

— Roubar de quem o ajudou! – exclamou uma mulher indignada.

Então Kim viu. Senhor Francisco estava no carro distraído, em vez de guardar a carteira no bolso, deixou-a cair e esta estava em um vão do banco.

Um dos policiais revistou o suposto ladrão, não a encontrou e o ameaçou.

— Dê-nos a carteira! Diga onde a escondeu! Senão o levaremos para a delegacia e aí irá falar, sem dúvida.

Kim estremeceu tanto como o pobre homem. Sabia que iam torturá-lo. Olhou com piedade para o homem que tremia e nem conseguia falar.

"Falo ou não falo?" – pensou o garoto aflito. "Que faço, meu Deus? Prometi ao vovô não falar nada sem consultá-lo. Mas eles irão bater neste pobre inocente."

— Esperem! Esperem! – gritou para os policiais que arrastavam o homem. – Ele não roubou! Procurem a carteira no banco do carro, está lá em um vão.

Todos quietaram. Não necessitaram perguntar como ele sabia, todos o conheciam e sabiam de seus dons divinatórios. Caminharam para perto do carro do Senhor Francisco, que aguardava os acontecimentos em pé ao lado do veículo. Os dois policiais seguravam o homem pelos braços. Um deles pediu ao Senhor Francisco para procurar a carteira no vão do banco. Ele o fez e a achou. Ficou vermelho de vergonha, chamou o homem e lhe deu uma quantia razoável.

— Aqui está, homem! Tome mais esta esmola. Não machucaram você, não é?

O homem não respondeu, hesitou, mas acabou pegando

o dinheiro e saiu quieto, envergonhado, pensando no filho doente e no remédio que ia comprar. Olhou simplesmente para Kim; este sentiu gratidão naquele olhar. Era um cigano que estava acampado perto da cidade.

Todos os presentes comentaram o fato e Kim afastou-se logo, foi buscar o avô.

— Vovô, por favor, vamos para casa!

No caminho, o menino contou tudo a Xandinho, que o consolou.

— Meu neto, você está ficando moço, deve pensar como adulto. Agiu certo, não era justo deixar o pobre inocente ser castigado por algo que não cometeu. Praticou uma boa ação com sua adivinhação. Vamos esquecer este fato e espero que todos aqui esqueçam também.

Kim pensou em sua mãe, lembrou do que ela disse ao vê-la, quando seu pai morreu. Inquietou-se, sentiu que passaria por momentos aflitivos.

Dias passaram e o falatório foi escasseando. Mas um acontecimento alarmou o local. Um menino, filho de um fazendeiro importante, tinha desaparecido. Muitas pessoas da cidade saíram a sua procura. O menino era o único filho varão deste senhor que era benquisto por todos. O garoto tinha oito anos, era uma criança boa, obediente e inteligente.

As buscas resultaram em nada. Foi quando um dos que procuravam se lembrou de Kim.

— O menino que adivinha! Vamos até ele, certamente nos indicará onde está o garoto.

Lá foram. Muitas pessoas com a mãe aflita.

Ele estava com o gado no pasto, quando o encontraram, e todos falavam ao mesmo tempo.

— Quero que veja onde está meu filho! – ordenou a senhora.

— Não sei, não sei...

Kim nada via. Esforçou-se para ver, mas não deu nem para concentrar. Todos falavam ao seu redor. Depois, nunca fizera aquilo, nunca tinha antes tentado ver algo. Suas visões eram espontâneas.

— Não consigo! Não sei! – repetia nervoso.

— Não quer ajudar! – disse um deles.

— Dizem por aí que, nestes casos, tem o vidente necessidade de sofrer para ver – afirmou outro homem.

— Pois que sofra! – retrucou a mãe desolada. – Batam nele!

Sentiu os socos e pontapés. Um outro teve a idéia de colocá-lo de ponta-cabeça. Dois homens o pegaram pelos pés e lá ficou desesperado e com muito medo, levando tapas e mais tapas. Muita confusão, todos falando e a senhora insistindo:

— Onde está meu filho?

"Ai, meu Deus!" – pensou Kim aflito. "Ajude-me, mãe, a ver onde está este menino!"

Estava atordoado, sua cabeça rodava, sangue escorria pela boca, teve muito medo.

— Parem! Parem com isto!

Para seu alívio, o irmão Onofre e o tio Afonso vieram correndo, soltaram-no e o tio o abraçou e disse aos gritos:

— O que é isto? Que barbaridade é esta? Parece até que foi ele quem escondeu o garoto. Fiquem sabendo que ele só tem visões espontâneas e não quando ele quer. Aliás, ele nunca quer.

— Ignorantes! Quase matam o menino. Covardes! – gritou Onofre acariciando o irmão.

Aí, Kim viu. O garoto sumido debatia-se preso nas margens do rio. Estava em lugar perigoso entre as ramagens das árvores, em um atoleiro, no barro que formava naquela época do ano.

— O menino está no rio, atolado perto da curva do oleiro – falou ele com dificuldades.

— É mentira! – berrou a mãe. – O que meu filho está fazendo lá?

— Ora, vamos lá depressa e verificaremos, não nos custa – disse uma senhora.

— Vamos rápido! Se ele estiver lá, morrerá com o frio da noite! – falou um homem.

— Eu não disse que dava certo fazê-lo sofrer? – berrou o homem que teve a infeliz idéia de surrá-lo.

Apressados, dirigiram-se ao local que o menino indicou.

— Você viu mesmo? – indagou o tio.

— Vi agora – respondeu o garoto.

— Vamos – aconselhou o tio –, levo-o para casa. Sua tia cuidará de você.

Kim teve vontade de chorar, mas as lágrimas não caíram, os afagos do tio e de Onofre o acalmaram.

Em casa levaram um susto. Regina e Isabela ficaram quietas e Xandinho revoltou-se. A tia se pôs a medicá-lo. Isabela beijou-o, acariciando. Regina com receio de machucá-lo mais ficou a passar as mãos sobre seus cabelos; desejou tirar suas dores e o fez. Quando se quer, sempre se consegue, e usar as mãos surte muitos efeitos. Regina doou energias, deu passe mesmo sem entender este processo, simples e funcional, que é doação de energias pelo passe.

"É por isto que nunca mais falo que vejo" – pensou Regina. "E não falarei mesmo, nunca! Seja o que for, ficarei quieta."

À noite, Onofre e Martinho foram ver o irmão.

— Acharam o garoto no lugar que você indicou – esclareceu Martinho. – O menino disse que foi pegar um pato e caiu. Perguntaram à mãe dele se ela não vinha agradecer, sabe o que ela respondeu? Quem nasce assim é para servir e que você não fez mais do que sua obrigação. Que ela não vinha e que você bem que mereceu as palmadas, porque demorou para dizer. E ainda o chamou de sem-vergonha!

— Palmadas! – exclamou a tia. – Machucaram tanto o menino!

— Temos que tomar umas providências – frisou Afonso. – Meu sobrinho não deve mais sair sozinho e, quando vir muitas pessoas, corre e esconde.

— E bem escondido – repetiu Isabela. – Promete, Kim, que esconde? Não quero que batam mais em você.

— O mais importante – reclamou Martinho – é que meu irmão não veja mais, que não tenha estas visões esquisitas.

— Mas ele é assim – disse Xandinho. – Não pode mudar só porque quer, ou porque queremos. Sinto-me culpado. Lembrei as pessoas do dom dele, quando comentei que previu que eu ia cair da charrete.

— Vovô – conciliou Kim –, o senhor não tem culpa. Fui eu que falei sobre a carteira.

— Não fale mais, meu irmão – reforçou Martinho. – Não fale mais nada, seja o que for.

— Você acha certo, Martinho? – perguntou Xandinho. – E se o menino sumido fosse seu filho?

— Bem, assim... – considerou Martinho, incerto.

— Vamos protegê-lo – asseverou tio Afonso. – E ele nos prometerá ser cauteloso e evitar de falar.

— Certo – concordou o menino.

Kim por tempo ficou com as marcas das pancadas e não saiu mais sozinho.

Frei Manoel resolveu ajudá-lo. Tendo que ir à sede de sua congregação, expôs ao seu superior o problema do garoto, tentando achar para ele a solução. Que ingenuidade do velho frade. Os freis do convento deram palpites, para uns eram coincidências, para outros o menino era paranormal. Quiseram ver o garoto, fizeram o convite para que ele fosse passar uns dias no convento, afirmando que pagariam todas as despesas.

Frei Manoel ao regressar foi à casa de Xandinho e levou o convite. Kim estava para completar treze anos.

— Foi o que escutei dos meus superiores – afirmou Frei Manoel. – Mas, se querem saber minha opinião, esqueçam o convite.

— Se posso acompanhá-lo – disse Afonso –, não vejo por que não ir.

— Cidade grande é diferente – objetou Frei Manoel. – Se aqui bateram nele, que poderão fazer lá?

— Aqui as pessoas são mais ignorantes – considerou a tia. – Padres têm obrigação de serem bons. Acho que é Kim que tem de resolver.

— Bem – falou Frei Manoel –, pensem com calma.

Xandinho acompanhou Frei Manoel à porta e indagou sem que os outros percebessem:

— Por que teme pelo garoto? Não acha certo ele ir ao convento?

— Meu amigo, queria ajudar seu neto e não consegui. Será que os freis do convento conseguirão? Querem vê-lo, ficaram curiosos. Mas será que irão querer mesmo ajudá-lo? Conseguirão? Arrependi-me. Não deveria ter falado sobre o garoto para eles. Mas espero que vocês resolvam o melhor para o menino.

Todos acharam que Kim deveria ir. Seria por poucos dias e Afonso o acompanharia. Ele também achou que deveria distrair, viajar, nunca tinha saído de sua cidade. Ganhou até presentes das pessoas amigas, roupas novas para a viagem. Partiu com o tio para ficar dez dias no convento.

V
No Convento

Kim gostou da viagem, para ele tudo era novidade. Achou tudo muito bonito e diferente. Foram de trem e prestou atenção em tudo. Foram da estação ao convento a pé. Encantou-se com o movimento da cidade grande.

— Veja isto, tio Afonso – disse entusiasmado. – Isabela iria gostar, se pudesse compraria para ela.

— Você só pensa nela – falou o tio.

— Penso em todos, tio, gosto de todos.

Chegaram ao grande e fechado convento. Como já eram esperados, um frei os atendeu e os levou para uma parte reservada aos visitantes. Deram-lhes dois quartos contíguos. O menino admirou o tamanho e o conforto dos quartos. Gostou de tudo com entusiasmo.

— Tio, o quarto parece maior que nossa casa!

Foi servido o jantar no quarto mesmo, porque já era tarde, e logo após a alimentação foram dormir.

No outro dia cedo, logo após o desejum, foram levados ao gabinete superior do convento. Frei Marco gentilmente lhes deu as boas-vindas.

Afonso saiu logo após, tinha que tratar de negócios e Frei

Fernando levou Kim para conhecer o convento. O menino achou o local muito grande e bonito. Tudo era muito limpo e organizado. Nunca vira tantas portas e janelas.

— Aqui é a sala de refeição – disse o frei que o acompanhava. – Aqui é a sala...

Tantas salas que o menino se confundiu todo. Qualquer pessoa se perderia fácil naquele local tão grande. Gostou mesmo foi do jardim, do pequeno chafariz, da horta e do pomar. A cozinha era enorme e as panelas tão grandes que o menino pensou que caberia fácil dentro delas. A capela era muito linda, toda pintada, tendo barrado em ouro. Os móveis de todo o convento eram de madeira escura e em várias janelas havia cortinas bonitas e longas. Foi apresentado a todos os frades, mas só aos poucos os foi conhecendo e tornou-se amigos de muitos. Também, só depois de muitos dias aprendeu a andar pelo convento. Podia ir por toda parte, só não entrava nos aposentos particulares, quartos dos freis, e nem ia ao porão. Este lhe pareceu assustador e não quis conhecê-lo.

Gostou do convento. Logo no dia posterior ao de sua chegada, à tarde, conheceu a sala onde faria os testes. Frei Marco disse a ele:

— Aqui, meu menino, faremos testes e veremos o que acontece com você.

— Irão me curar? – indagou o garoto.

— Sente-se doente? – perguntou Frei Marco.

— Não, só esquisito! Não gosto destas visões...

— Vamos ver o que o atrapalha – respondeu Frei Marco, acalmando o menino.

Seriam três freis a estudá-lo. Foram gentis com ele e o menino gostou das novidades.

Os que iam pesquisá-lo eram: Frei Marco, filósofo, estudioso dos fenômenos ocultos. Sentiu-se atraído pelo que acontecia ao menino, resolveu estudá-lo, achando que se tratava de um caso raro de paranormalidade; outro, Frei Fernando, descrente, diria até que era ateu; duvidava de tudo e de todos, talvez julgasse os outros desonestos e enganadores, comparando-os pelas próprias ações. Interessou-se pelo garoto, tentando descobrir que truque usava aquele falso-humilde de tão pouca idade; o terceiro, Frei Luís, sério, bondoso, teve pena do menino, porque ele mesmo era portador de alguns fenômenos que a religião que seguia com tanto amor não conseguia lhe explicar. Via muitas pessoas que para todos eram mortas, e com elas conversava. Era querido de todos e invejado.

Os testes começaram logo à tarde. Eram exercícios simples. Vendavam-lhe os olhos e pediam para localizar objetos que estavam em cima da mesa a sua frente. Sem o tampão, deveria adivinhar cartas de baralho viradas. Kim achou interessante, era como brincar, e divertiu-se. No começo acertou pouco, mas logo no quinto dia, já mais familiarizado, passou a acertar muito, deixando os três freis admirados.

Oito dias passaram e eles não chegaram a conclusão nenhuma. Pediram para que Kim ficasse mais tempo. Conversaram com Afonso.

— Senhor Afonso – propôs Frei Marco –, o menino necessita ficar mais tempo conosco. Peço-lhe sua autorização. Ele ficará bem conosco. Foram poucos dias para um estudo tão sério. Assim que entendermos o que se passa com ele e acharmos uma solução, nós o levaremos de volta, como também ele poderá regressar quando quiser.

— Se ele quiser ficar, tem a minha autorização – respondeu Afonso.

Kim estava gostando, nunca comera tantas coisas gostosas. E estava se divertindo com os testes.

— Quero ficar, tio. Será só por mais uns dias. Tenho um dinheirinho guardado, se Frei Marco permitir, comprarei presentes para meus familiares e o senhor, tio, os levará.

— Claro que permito. Pedirei ao Frei Leonel para acompanhá-lo e tem mais, vou dar a você um dinheiro para fazer estas compras.

— Não precisa – disse Afonso –, os senhores já fazem muito nos hospedando.

— Senhor Afonso, meu irmão me deu há tempos este dinheiro para que comprasse algo para mim. Mas não preciso de nada e darei de bom grado ao menino.

Feliz, Kim saiu com Frei Leonel e fez compras. Não esqueceu de ninguém, comprou presentes para todos e um bem especial para Isabela.

Quando voltaram, passaram na frente de uma casa de apostas. Brincando, Frei Leonel indagou:

— Você é capaz de saber que número será sorteado?

O menino pensou por momentos e veio um número à sua mente. Disse sem hesitar.

— Puxa! – exclamou o frei. – Espere-me aqui, vou lá e volto rápido.

Kim ficou admirando o movimento da rua. Frei Leonel entrou na casa, mas não pôde jogar, porque já haviam encerrado as apostas daquele dia.

Voltaram para o convento. Kim escreveu bilhetes e colocou nos presentes. No outro dia, Afonso regressou. O menino não se entristeceu com sua partida, seria só por mais uns dias. Depois, estava se deliciando com os testes e lhe era agradável ficar ali.

No outro dia, Frei Leonel voltou para conferir o resultado do jogo e dera o número que o menino falara. Foi imediatamente falar com Frei Marco e este dobrou o interesse pelo garoto.

No teste seguinte, Frei Marco falou entusiasmado aos outros companheiros que estudavam o garoto:

— Frei Fernando, Frei Luís, Kim acertou o número que foi sorteado ontem. É espantoso! Podemos melhorar nossas finanças com ele.

— Isto é desonesto! – respondeu Frei Luís. – Não devemos fazer isto!

— Para fazer caridade tudo é lícito. Nossos pobres serão beneficiados – disse Frei Fernando.

— Que pobres? – indagou Frei Luís.

— Frei Luís tem razão – respondeu cinicamente Frei Marco. – Esqueçam as apostas, vão tentar ajudar este menino.

Mas assim que Frei Luís saiu, Frei Marco se reuniu com Frei Leonel e Frei Fernando.

— Vamos usar o garoto para enriquecer. Faremos de um jeito que o menino não perceba e nem Frei Luís. Aumentaremos nossas finanças. Afinal, não prejudicaremos ninguém. E trataremos bem, muito bem, o menino.

Kim passou a acertar mais nos testes, e discretamente Frei Marco e Frei Fernando pediam que visse o número a ser sorteado. Acertava muito e, à medida que treinava, acertava mais.[1]

O menino quase não saía do convento e os dias passavam monótonos, embora os freis não deixassem que lhe faltasse nada. Fez muita amizade com Frei Luís e estava sempre conversando com ele, quando este estava de folga. Frei Luís trabalhava muito. Era ele que fazia todo serviço do convento: fazia pagamentos, atendia confissões, dava extrema-unções, atendia as pes-

---

(1) Este jogo era regional, ainda é realizado em muitos lugares aqui no Brasil. Era um jogo feito discreta, mas ilegalmente. Kim conseguia adivinhar por ser feito na cidade. É muito difícil uma adivinhação a nível maior. (N.A.E.)

soas pobres que iam ao convento à procura de alívio para suas dificuldades. Atendia todos com bondade.

Um dia, Kim viu muitos frades saírem com Frei Marco, o superior, e perguntou ao Frei Luís:

— Aonde vão?

— Dar extrema-unção.

— Não é o senhor que faz isto?

— É que um senhor rico, que ajuda muito o convento, está para morrer – respondeu Frei Luís, gentil.

— Faz diferença um dar ou muitos? – perguntou Kim curioso.

— Para Deus o que importa é o Amor no coração. Deus não necessita de dinheiro e nem de orações pagas.

— Se estivesse para morrer, gostaria que fosse o senhor a me encomendar.

— Encomendar, ah! – exclamou Frei Luís. – Como se isto fosse possível. Para Deus o importante é ser rico de boas ações. – Sorriu mudando de assunto. – Já conhece nossa biblioteca? Você me disse que tem uma prima cega. Pergunte ao Frei Leopoldo, o bibliotecário, e ele o poderá informar sobre o que temos para ensinar cegos a ler.

Foi entusiasmado para a biblioteca. Frei Leopoldo amava demais os livros, gostou do interesse do menino e por ter quem atender. Mostrou-lhe tudo sobre o assunto e falou excitado:

— Luís Braille, professor francês que, apesar de privado da vista desde a idade de três anos, inventou a escrita em relevo para uso dos cegos. Ele nasceu em 1809 e faleceu em 1852.

— Fantástico! – exclamou o menino admirado. – Foi cego, professor e inventor!

— Posso até dar a você alguns livros que temos duplicado. Ajudo você a explicar à sua prima Isabela, para que ela ensine a outra, a cega.

Kim alegrou-se. Passou a ir muito na biblioteca e Frei Leopoldo, como prometera, o ensinou e também o ajudou a escrever, para que ensinasse Isabela.

O menino tinha muitas saudades de todos, escrevia muito, os irmãos respondiam raramente. Quem estava sempre lhe escrevendo era Isabela e ela lhe dava muitos recados de Regina.

Frei Marco lhe dava sempre dinheiro para que ele fizesse suas despesas e foi com muita alegria que o menino colocou no correio o primeiro livro em Braille para sua prima.

Tudo parecia normal na cidade de Kim. Os irmãos casados agora se preocupavam mais com as esposas e filhos. Afonso, Rose e Xandinho achavam que o garoto estava muito bem e até queriam que ele se tornasse um frade. Regina continuava alegre, esforçava-se ao máximo para tornar-se autosuficiente. Recebeu o presente do primo com gratidão e alegria. Realizaria seu maior sonho: ler. Isabela com dedicação aprendeu e ensinou a irmã. Kim foi enviando livros, artigos que Frei Leopoldo lhe dava e, em poucos meses, Regina aprendeu e até escreveu para Kim, em Braille, uma cartinha agradecendo e dizendo amá-lo muito.

Que alegria! O garoto ficou radiante. Com as pontas do dedo tentou imaginar-se cego a ler.

"Valeu a pena só por isto ter vindo ao convento!" – pensou.

Isabela sentia muita falta dele, era a única que não queria que ele ficasse no convento. Escrevia contando tudo o que acontecia com ela e com todos.

Os testes diminuíram, os freis já não tinham tanto interesse em estudá-lo ou mesmo ajudá-lo, eram poucos os exercícios. Mas faziam questão da adivinhação dos números. O menino não tinha muito que fazer e estava inquieto. Numa sessão de testes, ele falou normalmente:

— Vamos ter visitas! Um senhor de chapéu preto e grande, com outros senhores.

— É o nosso superior! – espantou-se Frei Marco. – Obrigado, Kim, agora volte para seu quarto, temos muito trabalho. (2)

Por três dias não fizeram testes com ele. Corriam arrumando tudo e, no quarto dia, os portões foram abertos ao frei superior e comitiva, para uma visita surpresa de inspeção. Mas, como foram advertidos, tudo foi fiscalizado e nada de anormal foi constatado. Partiram deixando contentes os fiéis do convento.

Os frades passaram a agradar mais o menino. Mudaram-no para um quarto maior e os testes continuaram. Foi ensinado a concentrar, a forçar a ver o que queria, ou melhor, o que eles queriam. Passaram também a indagar sobre seus assuntos particulares.

— Concentre-se, meu rapaz, isto dará certo?

— Tal pessoa estará em casa esta hora?

— Haverá perigo?

Isto tudo era feito escondido de Frei Luís. Pediam sempre para não falar nada a ele. Kim obedecia porque, conforme lhes diziam, era para não chateá-lo, pois ele não podia participar de todos os testes e tinha muitas tarefas para fazer.

Mas o menino cansou do convento e estava saudoso. Fazia nove meses que estava sem ver os seus parentes. Compreendeu que os freis não iriam curá-lo, aliás, estava era piorando. Quis ir embora e foi falar com Frei Marco.

— Não vá garoto! O que lhe falta? Diga, que compro

---

(2) É muito difícil ver o futuro, porque ele pode ser mudado pelas circunstâncias e pelo livre-arbítrio dos envolvidos. Mas existem acontecimentos que seguem seu curso normal, planejado. Neste caso, a viagem deste frei superior estava programada por ele e Kim viu isto, a programação do outro, do frei superior. (N.A.E.)

para você. Não quer uma bicicleta? É isto, vou comprar uma bicicleta bem bonita, a mais linda para presenteá-lo. Hoje mesmo pedirei ao Frei Leonel para sair com você. Também irei adquirir outros livros em Braille, escreverei a uma editora e darei para você. Assim poderá mandar à sua priminha. Gostamos de você e estamos estudando como ajudá-lo. Você, meu rapaz, não quer ser padre? Seria muito bom se se tornasse frade como nós.

— Não sei – respondeu o garoto. – Nunca pensei nisto. Não sei se quero ser padre.

— Pois é bom que pense. Agora vamos procurar Frei Leonel para que possam comprar para você uma linda bicicleta.

À tarde lá estava Kim ajudado por Frei Leonel, aprendendo a andar de bicicleta. Dias depois, lá estava a correr pelos canteiros do jardim do convento.

Querendo que ficasse, Frei Marco procurou distrair mais Kim. Mandava sempre um frei levá-lo a passear pela cidade e dava-lhe muitos presentes. E, como prometera, dava-lhe sempre livros diferentes em Braille para que enviasse a Regina.

Outros seis meses se passaram.

VI

Frei Luís

Um dia, quando faziam os testes, os freis foram chamados e saíram apressados. Kim escutou do frei que fora chamá-los:

— Venham acudir Frei Felipe, que está passando mal.

O menino saiu atrás deles sem ser visto. Desceu as escadas com o coração batendo forte; apressados, os frades nem olharam para trás. Atravessaram um corredor e chagaram ao porão. Desceram uma outra escada estreita. Kim olhou curioso o porão. Nada parecia ter de diferente, estavam num corredor com muitas portas. A frente de uma delas estava um noviço, que indagou aflito:

— Agora posso ir embora?

O menino se escondeu embaixo da escada onde existia um vão e esperou. Assustou-se com a voz alta, sinistra, de alguém dentro do cômodo que tinha a porta semi-aberta. Não pôde distinguir se era de homem ou de mulher. A voz lhe pareceu muito soturna.

— Quer ir embora, seu candidato a padreco! Seu medroso!

— Pode ir agora – disse Frei Marco ao noviço.

O noviço, moço ainda, saiu quase a correr, subiu as escadas e saiu do porão. Os três frades entraram e deixaram a porta encostada. Kim aproximou-se, ficou encostado na parede perto da porta a escutar curioso o dono da voz, que falou em tom mais baixo:

— O trio novamente!

Cautelosamente, Kim espiou. O cômodo era um quarto pequeno e simples. Sentado no leito estava um outro padre, que o menino supôs ser Frei Felipe. Era magro, aspecto doentio e muito pálido. O garoto, não querendo que o visse, voltou à sua posição anterior e ali ficou quieto a escutar.

— Oh! Frei Marco, o senhor continua chantageando aquela viúva? Ou prefere a doce mocinha do bairro distante? Está a embriagar-se como um porco. Saia daqui! É mais sujo do que eu!

Frei Felipe continuava falando com uma voz terrível. Frei Marco não respondeu às acusações e começou a orar.

— E você, sujo e fedorento Frei Fernando! Usurpador e vingativo! Matou a prima que não o amou. Sei bem, deu-lhe veneno e todos pensaram que ela se suicidou. Não terá sossego, maldito! Ela saberá vingar! É mau, muito mau! Não faça mal a este menino inocente. Estamos vigiando. Morrerá como matou!

Frei Fernando não se conteve:

— Oh, maldito! Fala de mim inventando calúnias! Mas nunca fala de Frei Luís.

Fez-se um silêncio. Frei Felipe começou a chorar, depois disse:

— Vão embora! Deixem-me só com Frei Luís.

Ao perceber que Frei Marco e Frei Fernando iam sair, Kim correu e escondeu no vão da escada. Os dois se retiraram, subiram os degraus e saíram do porão. Kim voltou para perto da porta e num impulso entrou no quarto. Frei Luís orava tentando acalmar o doente. Não disse nada ao vê-lo, entendeu que viera atrás dele. Frei Felipe o olhou e disse debochado:

— É este o fedelho que enriquece os cofres do convento?

— Eu... eu? – conseguiu Kim dizer depois de muito esforço.

— Você, Frei Luís e Frei Gregório são os únicos bons por aqui.

— Frei Fe... – começou Frei Luís a dizer, mas foi interrompido.

— Ana Frida, já sabe como chamo.

Kim olhou bem para o frei adoentado. Ao lado dele, viu como que grudada uma mulher loura, cabelos compridos e olhar rancoroso.

— Vejo ela! Vejo! – exclamou o menino, apontando-a com o dedo.

— O pirralho me vê! – riu escandalosamente.

— O que você vê? Conte-me, Kim – pediu Frei Luís.

— Vejo ao lado deste homem um vulto, uma mulher magra, de cabelos longos e louros, estão soltos. Tem olhos verdes e cruéis, lábios finos, mãos largas. Veste roupas estranhas, uma roupa preta larga, amarrada na cintura.

— É isto aí, padreco! – falou Frei Felipe. – O garoto me vê. Esta roupa, menino idiota, é de freira. Fui uma religiosa, fiquei orando numa cela fria por muitos anos.

— Pelo visto não orou com sinceridade – disse calmamente Frei Luís.

— Por que me persegue, padreco? Por que não me deixa em paz? Sabe que não gosto de você. Não tem nada a ver conosco.

— Você me respeita – disse Frei Luís.

Kim vendo que seu amigo não tinha medo, encostou a porta e aproximou-se do leito. Lembrou que já tinha visto o cigano, sua mãe, e deveria ser tudo a mesma coisa, mortos eram mortos. Porém, pensou, sua mãe era boa, Ivo tornou-se bom. E aquela ali, que dizia chamar Ana Frida, queria vingar, mas sofria muito. Olhou-a bem e ela também o encarou.

— Que é isto na sua cabeça? – Kim indagou.

— É a minha tiara, não está vendo, imbecil? – respondeu ela por intermédio de Frei Felipe.

— É bonita, nunca tinha visto. Para que serve? – perguntou o menino.

Ana Frida, este espírito, tinha na cabeça um aro dourado que impedia os cabelos de caírem ao rosto. Ali se passava um processo de incorporação. A desencarnada falava por meio de Frei Felipe, que era médium. Suavizando a voz, ela respondeu:

— Serve para enfeitar os cabelos. Foi meu pai que me deu. Tinha feito treze anos, ele trouxe da cidade. Foi o último presente dele. Pobre pai!

— Morreu? – indagou o menino.

— Assassinado vilmente.

— Conte-nos sua história, Ana Frida. Tenho querido tanto ajudá-la. Talvez se contar tudo, desabafará. Sentirá alívio! – pediu Frei Luís.

Fez-se um longo silêncio. Frei Luís e Kim sentaram em cadeiras perto do leito. Frei Felipe agora não estava tão agitado. Ela resolveu falar, ele a obedecia. O menino a via falar, não escutava sua voz, mas a de Frei Felipe. Os dois mexiam com os lábios juntos. Frei Felipe repetia com exatidão o que ela falava. Escutaram-no com atenção.

— Nasci em uma família pobre, mas honesta. Tive por padrinho este infeliz, que na época era senhor das terras onde morávamos. Meu pai era empregado dele. Minha mãe morreu, quando eu ainda era bem pequena, e meu genitor nos criou, eu e meus dois irmão mais velhos, com todo carinho. Tinha quatorze anos, quando o Senhor Gabs, este aqui agora, reparou em mim.

"Oh!" – disse ele ao me ver. "Você não é minha afilhada Ana Frida? Vem tomar a bênção do seu padrinho!"

Tomei a bênção envergonhada, inquieta com seus olhares.

Morava o Senhor Gabs num castelo no centro de uma imensa propriedade. Morava não, passava temporadas. Sua família não o acompanhava, ficavam na residência da cidade perto dali. A esposa dele era orgulhosa e comentavam que os dois não se davam bem. Tinha dois filhos, sendo um já casado, com filhos.

Dois dias depois de tê-lo encontrado, Gabs apareceu em casa com dois lindos presentes para mim.

"Um padrinho não deve esquecer de sua bela afilhada."

Quando foi sair, meu pai o acompanhou. Não fiquei sabendo naquela época o que eles falaram. Gabs montou furioso no seu cavalo e partiu em disparada. Meu pai entrou em casa nervoso. Só quando desencarnei eu vim a saber que meu genitor lhe pedira para não nos importunar; que éramos pobres, mas honestos, e que eu não seria amante dele. De fato, não nos importunou, mas olhava-me cada vez mais. Eu com medo não disse nada a ninguém.

Dois meses depois, Gabs ainda estava na propriedade. Permanecia já por muito tempo e meu pai comentou que deveria ser por algum motivo, ou estaria escondendo-se de algum marido ciumento ou de alguma amante inoportuna.

Meu pai foi encontrado morto. Tinha ele saído a cavalo pela manhã, como sempre fazia, e o encontraram caído com a cabeça machucada. Comentaram que ele deveria ter sentido mal e caído, porque o cavalo era manso e ele era um excelente cavaleiro.

Porém, o que aconteceu vim a saber muito tempo depois: Gabs o matou com uma pancada na cabeça e o derrubou do cavalo.

Três dias depois do sepultamento, meu padrinho veio nos visitar. Gentil, disse sentir muito a morte do meu pai.

"O pai de vocês foi meu melhor empregado. E vocês dois são moços fortes e valentes que merecem melhorar de vida. Meu dever é cuidar de vocês. Sei que sonham em seguir a carreira militar. Se quiserem consigo para vocês. O comandante é meu amigo, com minha recomendação serão aceitos e irão se tornar, com certeza, importantes e famosos."

Ana Frida fez uma pausa, suspirou, sorriu ao recordar dos irmãos. Depois continuou a falar, agora mais calma.

De fato, a carreira militar era o sonho de todos moços pobres, e para meus irmãos camponeses era uma honra. Gabs falou e os dois ficaram entusiasmados.

"E Ana Frida?" – perguntou um dos meus irmãos. "Como deixá-la?"

"Ana Frida é minha afilhada. Todo padrinho tem o dever de cuidar dos afilhados, quando estes ficam órfãos. Minha esposa pediu para que a levasse a nossa casa e ela será dama de companhia de minha nora."

Diante destes argumentos, pensando que eu estaria bem, meus irmãos dois dias depois partiram felizes com a carta de recomendação, e eu fui para o castelo onde esperaria minha ida para a cidade, para a casa da nora do senhor daquelas terras.

Mas não houve partida para mim. Fiquei no castelo e cada vez mais assediada por este miserável. Tratava-me com arrogância e galanteio. Foi à cidade sozinho, voltou logo com cartas dos meus irmãos que partiram para longe, contentes, e já aceitos na corporação militar.

Acabei amante de Gabs e fiquei no castelo. Um ano se passou, quando fiquei grávida. Ele não quis a criança, não queria filhos bastardos. Chamou ao castelo uma mulher que fazia abortos. Com medo e muita vergonha, desafiei-o, não queria abortar e levei a primeira e grande surra de minha vida. O aborto foi feito sem o meu consentimento. Como sofri! Tudo foi feito para que não mais engravidasse. Este infeliz me privou de ser mãe.

Novamente outra pausa em que Ana Frida enxugou com as mãos as lágrimas do rosto. Os dois ouvintes continuaram quietos e ela voltou a falar com a voz enfraquecida pelas recordações.

— Era como prisioneira no castelo, só saía com as ordens dele; se o obedecia, até que não me atormentava. Mas era jovem, bonita, e ele se ausentava muito. Acabei apaixonada por um jovem que trabalhava de guarda no castelo. Era Antonie, tão jovem como eu e muito lindo. Tornamo-nos amantes. Nosso romance durou somente oito meses. Gabs desconfiou ou alguém contou a ele. Trancou-me num quarto escuro, porque sabia que tinha pavor da escuridão. Fiquei muito tempo sendo alimentada uma vez por dia.

Quando ele mandou me soltar, soube que o pior aconteceu com Antonie: morreu pela surra violenta que ele mandou lhe dar. Foi jogado num buraco onde seus pais o acharam. Apesar de todos saberem quem foi que o matou ou quem mandou, ninguém se atreveu a falar. Os pais dele, inconformados, partiram dali. Eu fiquei muito triste, apática, e Gabs por qualquer motivo me ameaçava com o quarto escuro.

Gabs então interessou-se por outra menina, uma adolescente de quinze anos, pobre e muito bonita. Senti revolta, não por ciúmes, mas por saber que a outra ia sofrer tanto como eu. Avisei a família dela. Eles partiram escondidos.

Gabs ficou furioso comigo, temi o castigo, a surra e o quarto escuro, mas não me arrependi. No entanto, em vez disto, ele me mandou para um convento para se livrar de mim. Meus irmãos pensaram que estava bem. Nunca tive coragem de falar a verdade a eles, acreditavam que eu trabalhava no castelo. Gabs os informou que por vocação eu tinha ido para o convento e que lá não podia me corresponder com eles. Meus irmãos acreditaram. Não tinha ninguém para me ajudar e fui trancafiada no convento.

Ali fiquei presa, sofri horrores que não vêm ao caso. Mas a culpa foi dele! Só dele! Não é justa minha vingança, Frei Luís? Gabs tomou outro corpo, reencarnou, pensou se proteger nestas paredes, como Frei Felipe, mas eu o achei. Refugiou-se num convento, porque na sua encarnação anterior ajudou a enchê-los. Sempre que alguém o incomodava, mandava para um. Mas eu não o perdoei e são muitos os que não o perdoaram: os pais de Antonie, muitos empregados, a fileira de jovens que, como eu, foram suas vítimas. Ele foi mau, muito mau.

— Ana Frida – disse gentilmente Frei Luís –, você no convento não teve oportunidades de aprender os ensinos de Jesus? Não meditou nos ensinamentos do Evangelho? Jesus sofreu tanto e não se vingou de ninguém.

— Jesus é Jesus, eu... – falou ela com ironia.

— Frei Luís – disse Kim –, vejo mais. Ela não nos contou tudo. Ela bem que gostou de morar no castelo, de ter vestes bonitas e jóias, de ser chamada de patroa. Humilhava as servas, era exigente e nunca pensou na pobre esposa dele. Seduziu Antonie e o enganou, nunca amou o pobre rapaz. E no convento, ah no convento!...

— Cale a boca, moleque! – interrompeu Ana Frida aos gritos. – Cale-se! Quem é você para me dizer isto?

— Continue, Kim – pediu Frei Luís. – Você acusa muito, Ana Frida, julga-se muito credora. Teme escutar a parte que nos ocultou? Fique quieta e escute!

— No convento – continuou o menino –, errou muito. Vejo-a sofrida a chorar no começo, mas depois se tornou imponente, tendo encontros secretos, recebendo amantes. Foi má, judiou de jovens que foram levadas para lá. Fez muitas intrigas e calúnias.

— O culpado foi ele! Ele! – defendeu ela.

— Você também é culpada! – disse Frei Luís calmamente. – Você não deve culpá-lo por tudo! Sabe que voltamos muitas vezes a viver num corpo carnal. Já recordou suas outras existências? Será que não sofreu o que fez outros sofrerem? Nesta mesmo maltratou muitos. Onde estão, Ana Frida, os que você prejudicou? Onde estão suas vítimas? Será que eles guardam rancor como você? Não os teme?

Frei Luís levantou-se e colocou as mãos na testa de Frei Felipe e conseqüentemente dela também. Ela tampou o rosto com as mãos. Mas não se tampam as lembranças. Começou a chorar. Após uns minutos, o frei falou bondosamente:

— Ana Frida, desista da vingança! Deixe Frei Felipe e cuide de você. Tente ser boa! Você, minha filha, errou muito; vingando-se erra mais. Por que não perdoa e pede perdão? Na medida que se perdoa é que se é perdoado. Ele teve culpa de muitos dos seus sofrimentos, mas não teve de você ter sido má, de ter errado. E são seus erros que a amarguram tanto. Ore comigo! Oremos ao nosso Mestre Jesus, pedindo a Ele perdão e misericórdia para termos paz. Somos irmãos e como tal devemos todos amar.

Ana Frida chorou com sinceridade e por intermédio de Frei Felipe beijou a mão de Frei Luís, falando emocionada:

— Partirei! Vou embora, estou cansada e nunca tinha me analisado como hoje. O senhor tem razão! Disse muitas verdades que me tocaram. Ninguém se torna mau por receber maldades. Os erros são nossos e não justifica colocar a culpa em outro. Deixo Gabs com seus erros e vou cuidar de reparar os meus. Vou em busca de abrigo e pedirei o esquecimento que para mim será tão benéfico e que só Deus por sua bondade pode nos dar, nascendo num outro corpo. Reencarnarei! Deus lhe pague!

Ana Frida sumiu, Kim teve a certeza de que ela partiu para não voltar. Olhou para seu amigo, este orava baixinho e Frei Felipe se acalmou; ficou prostrado, com a cabeça inclinada, levantou os olhos e falou baixo. Sua voz não era mais soturna.

— Ajudando-me novamente? Tive outra crise? Quem é você, menino? É o garoto que está hospedado conosco?

— Sim – respondeu Frei Luís –, este menino é nosso hóspede. Chama-se Joaquim, mas todos o chamamos de Kim. – Virou-se para o menino e pediu: – Por favor, vá e me espere no jardim, irei logo conversar com você. Agora ajudarei Frei Felipe a se banhar e alimentar.

Kim saiu do quarto, atravessou o corredor frio e úmido com a sensação de que muitos seres invisíveis o espiavam. Ficou aliviado quando chegou ao jardim. Sentou-se na borda do pequeno chafariz. Ficou olhando as águas e de repente teve uma visão. Viu Frei Luís morto. Ele bebia algo e morria. Ficou triste, muito triste.

— Está muito pensativo, Kim – disse Frei Luís, sentado ao seu lado.

— Frei Felipe sarou? – perguntou o garoto, preocupado.

— Não sei – respondeu o frei amigo, de modo sincero. – Quando é que saramos de nossos erros? Mas você me ajudou muito. Há tempos tento conversar com este espírito, Ana Frida, e não conseguia convencê-la a não mais importunar Frei Felipe. Você me fez vê-la como uma pessoa normal, com sentimentos, defeitos e qualidades. Ela desabafou e se sentiu melhor ao nos contar sua vida. Não pensei que tivesse errado tanto. Entendi agora que quem não perdoa sempre tem também que ser perdoado. Alegrei-me por ela ter ido, terá paz.

— O Senhor disse que vivemos muitas vezes e sua Igreja não acredita nisto.

O menino indagou, olhando-o nos olhos. O frei meditou por uns segundos e respondeu calmamente:

— Existem muitos mistérios em nossas existências. Como contestar fatos tão evidentes? Como não acreditar que Frei Felipe não foi Gabs e no que nos disse Ana Frida? Tenho pensado muito, não consigo explicar como vejo e converso com os mortos. Tenho lido livros orientais e sou forçado a crer que Deus é bem mais bondoso e justo que este que pregamos, este que nos dá uma só oportunidade. Frei Felipe não é louco. Mas, como ele diz muitas coisas que para muitos são estranhíssimas, fica preso. Porém ele é muito bem tratado. Agora o deixei dormindo, tomou banho e se alimentou. Quanto a sarar, acho que não, ainda existem outros espíritos a atormentá-lo. Repito: como fugir dos nossos erros? Creio que um dia ele se libertará; os outros, como Ana Frida, irão com certeza embora. A colheita de erros é dolorosa. Jesus nos ensinou que aqueles que pecassem contra seus irmãos iriam para onde haveria choros e ranger de dentes. Tento compreender este ensinamento e acho que é no corpo carnal que resgatamos nossos erros, seja pelo trabalho edificante, com muito amor, ou seja pela dor.

— Frei Luís, já vi muitos espíritos, mas fiquei com dó de Ana Frida.

— Todos aqueles que não perdoam são dignos de dó – admitiu o frei pensativo.

— Frei Felipe só fica naquele quarto? Só o senhor consegue acalmá-lo?

— Está preso há cinco anos. Quando se sente bem, sai a passear só dentro do convento. Frei Gregório, aquele velhinho, e eu somos os que o ajudamos mais, por entender o que acontece com ele.

— Estes espíritos maus e vingativos só obedecem as pessoas boas, não é? – perguntou o menino.

— Jesus se fazia obedecer pela sua boa moral. É necessário sermos bons e puros para que possamos ser respeitados pelos espíritos que temporariamente estão nas trevas do erro. Kim, responda-me: – É verdade o que Ana Frida disse a respeito de você estar enriquecendo os cofres do convento? Fale-me, sem esconder nada.

— É – respondeu o garoto. – Não sei bem para quê, mas Frei Marco e Frei Fernando me pedem sempre para que veja o número a ser sorteado em um tal jogo. Não sei de mais nada.

— Meu Deus! – exclamou Frei Luís tristemente. – Que estão fazendo com você?

— Será que irei sarar? – indagou o menino preocupado. – O senhor acha que posso ser um garoto como os outros?

— Acho que não, filho. Estou pensando como ajudá-lo e creio que o melhor é você ir para sua casa e lá evitar tudo isto, estas adivinhações. Só que eles não o deixarão ir, terá que partir escondido. Você quer voltar para sua cidade? Quer ir para perto de seus familiares?

— Quero! – respondeu o menino, e depois disse timidamente: – Frei Luís, vi o senhor morrendo. Estou preocupado! Que será de nós sem o senhor? De mim? De Frei Felipe e de todos que ajuda? Vi o senhor tomando algo e morrendo. Será assassinado!

O bondoso homem não se alterou, coçou o queixo pensativo.

— É necessário tomar umas providências. São muitas coisas erradas. Não se preocupe, você irá embora e, se eu morrer, tentarei ajudá-lo. Talvez seja mais fácil auxiliá-lo sem este corpo físico. Frei Felipe terá o Frei Gregório que o ajudará, nosso bondoso velhinho tomará conta dele. Depois, meu menino, colhemos o que plantamos. Frei Felipe na sua outra existência encarcerou tantas pessoas, fez tanto mal! Tenho a certeza de que nesta ele resgata e repara muitos erros, porque se arrependeu e quer melhorar. Vamos planejar já sua ida para sua cidade. Logo à tarde partirá um trem, irá nele; quanto mais depressa sair daqui, melhor. Você arrumará suas coisas e eu, o dinheiro para a viagem. Só depois de amanhã haverá apostas, e só então darão por sua falta; mas aí já estará seguro com os seus parentes. E eles estarão muito preocupados com as denúncias que terei feito.

— Quero ir, sim. Sem o senhor aqui, terei medo. Denunciará também o Frei Felipe?

— Não, este não! Se os superiores souberem o que se passa com ele, mandarão para uma clínica e ele não é louco, só iria piorar seu estado. Tudo cansa e estes espíritos que estão com ele cansarão. Ana Frida era a pior e já foi embora. Todos irão e Frei Felipe será um bom frei. Creio nisto!

— Venha comigo, assim não morrerá – pediu o menino.

— Não devemos fugir das nossas responsabilidades. Tenho muito que fazer aqui. Depois, não temo a morte do corpo. Terei cuidado com tudo que beber ou comer. Não tomarei vinho e eles não terão como me envenenar. Agora vá. Nós nos encontraremos no portão lateral às dezessete horas.

Kim foi para seu quarto, banhou-se e arrumou suas coisas. Desceu para o jardim pela parte dos fundos e esperou perto do portão lateral. Logo veio ao seu encontro Frei Luís, com sua bicicleta.

— Vá com Deus e que nosso Pai o proteja! Vá com cuidado e perto da estação dê esta bicicleta a alguém. Aqui tem o dinheiro. Deus me perdoe, mas tirei de Frei Marco. Afinal você ajudou a ganhá-lo. Eu o abençôo.

Abraçou-o e Kim teve vontade de chorar, mas não o fez. Saiu rápido pelo portão e escutou Frei Luís trancá-lo. Rumou para a estação. Quando faltavam poucos metros para chegar, viu um senhor já idoso que vendia frutas, levando duas cestas pesadas.

"Bem", pensou, "uma bicicleta lhe será de grande ajuda."

— Fique com esta bicicleta, senhor. Partirei e não irei precisar dela. Não posso levá-la. Estou dando ao senhor.

O homem ficou surpreso e nem conseguiu falar. Kim tirou a mala que estava presa atrás e saiu rápido. O vendedor de frutas alegrou-se com o inesperado presente.

Chegou à estação, comprou o bilhete, o trem partiria em quarenta minutos. Teria que fazer uma baldeação. Contou o dinheiro da passagem, iria sobrar. Foi a uma loja perto da estação e comprou quatro presentes, um para Regina, outro para Isabela e os outros dois para seus sobrinhos que nasceram e que não conhecia.

Voltou à estação e esperou ansioso pelo trem. Seu coração batia forte, temia que os frades descobrissem sua fuga e viessem buscá-lo.

Quando o trem chegou, subiu rápido, acomodou-se e suspirou, quando este partiu.

Viajou por horas; à noite sentiu frio e medo, acabou por cochilar sentado. Era uma hora, quando o trem chegou à estação onde deveria descer para pegar o outro trem. Perguntou. Teria que esperar. Só às seis e trinta partiria o outro que o levaria para sua casa. Sentou-se num banco, encostou a cabeça na sua mala e tentou dormir; não conseguiu, estava muito assustado.

Amanheceu e Kim sem problemas se achou no trem que o levaria à sua cidade. Agora mais tranqüilo, partiu contente. Não demorou muito, chegou. Suspirou aliviado. Como era agradável rever as montanhas, os vales! Achou tudo muito lindo, olhava tudo com carinho. Rumou para sua casa, antiga casa. Seu coração parecia saltar do peito, quando viu as casinhas na encosta da montanha.

No convento, Frei Luís ao fechar o portão rogou a Jesus que permitisse que bons espíritos acompanhassem o menino. Não era justo deixar o garoto continuar sendo usado por Frei Marco e Frei Fernando, para enriquecê-los e gastarem de modo ilícito.

Foi para seu quarto e escreveu uma longa carta aos seus superiores, endereçada a um monsenhor que há tempo desconfiava de que algo errado acontecia no convento. Na missiva, escreveu tudo que sabia dos encontros dos dois frades, dos negócios que envolviam grandes somas de dinheiro, citando locais e nomes. Fechou a carta, iria remetê-la no dia seguinte. Dormiu sem jantar.

Logo após a missa, Frei Luís saiu e colocou a carta no correio. Cuidou dos afazeres e foi conversar com Frei Felipe, dando-lhe esperança. Pediu que tivesse paciência e que se esforçasse para ser bom e honesto. Depois foi procurar Frei Gregório e pediu para que cuidasse de Frei Felipe.

Arrumou tudo no seu quarto e evitou comer algo que não fosse na mesa com os outros, como também não tomaria mais vinho.

"Terei cuidado, eles não me conseguirão envenenar" – pensou.

Como previu, só no outro dia, após a missa, Frei Marco deu por falta de Kim e foi procurar Frei Luís.

— Onde está o menino? Sabe dele? Não está no quarto, parece que não dormiu lá e sua roupa sumiu. Ele mudou de quarto?

— Hoje é dia de jogo, não é? – perguntou Frei Luís calmamente. – Procura-o por isto?

— Então acredita no louco do Frei Felipe?

— Sabe que espíritos falam por sua boca.

— Demônios...

— Que seja. Embora saibamos que demônios são seres como nós.

— Tentam os homens! Deixe os demônios com Frei Felipe. Quero o menino!

— Demônios que sabem o que dizem. Afastei o garoto, levei-o para longe. Não o quero mais aqui. Que fazem com o dinheiro que ganham no jogo? O senhor sustenta mulheres; Frei Fernando joga e enriquece a família, Frei Leonel deixa o filho cada vez mais rico.

Fez-se silêncio. Frei Marco, após pensar uns minutos, indagou preocupado:

— A quem mais disse isto?

— A ninguém.

— Não sabe mentir. Comunicou aos nossos superiores?

— Não digo mais nada. Peço-lhes esquecer o menino.

Frei Marco fechou a cara, chegando até fazer careta. Saiu apressado indo ao encontro de Frei Fernando e Frei Leonel. Reuniram-se no seu gabinete, onde contou tudo que se passou.

— Temos que agir rápido. Tenho a certeza de que Frei Luís nos delatou. Temos que destruir provas.

Quinze minutos após acabou a reunião e todos sabiam o que fazer. Deveriam despistar tudo que poderia comprometê-los. Um iria fazer viajar a amante, outro informaria ao filho para ficar atento, outro suspenderia o jogo e avisaria os parceiros. Limpariam tudo, destruiriam provas e não deixariam vestígios no convento. E decidiram pela eliminação do frei delator.

Como Frei Luís previu, não procuraram o garoto, estavam preocupados com uma provável inspeção, como também não convinha que o menino estivesse ali com a chegada de algum superior. O honesto frei estava atento, almoçou com todos e à tarde foi para seu quarto e se pôs a orar. Tendo sede, tomou água da jarra de seu quarto. Nem bem colocou o copo na mesinha, sentiu-se mal; sufocado, não conseguia respirar, tonteou.

"Conseguiram! Na água, meu Deus!" – pensou.

Logo algumas imagens vieram à sua mente. Há muito tempo também fora um frade, de outra congregação, querendo fama e poder. Eliminou dois de seus superiores, envenenando-os. Agora, recebia a morte do corpo como fez a outros no passado.

Seus olhos se encheram de lágrimas, olhou para o crucifixo e teve o último pensamento.

"Como o senhor, Jesus, eu os perdôo e peço para eles clemência. Cuide de Kim, de Frei Felipe e de Frei Gregório por mim."

Tonteou, perdeu os sentidos por instante. Quando voltou a si, estava sentado no chão, e um frei desconhecido sorria de modo agradável ao seu lado.

— Levante, Frei Luís, dê-me sua mão!

Ele a deu, levantou-se e indagou:

— Não morri? Pensei que ia morrer.

— Seu corpo morreu.

Olhou para o chão e viu seu corpo caído, a boca espumando e seus olhos estatelados. Começou a se sentir asfixiado.

— Deixe disto, Luís! Você sempre soube que era eterno. Por que este espanto? Seu corpo morreu e você não precisa sentir-se assim.

Suspirou, o ar entrou pelos pulmões, sentiu-se aliviado e sorriu.

— Você os perdoou, Luís, pediu proteção aos seus amigos. Por isto estou aqui para ajudá-lo em nome do Mestre Jesus, e será você mesmo quem auxiliará seus amigos.

— Como?

— Aprenderá, amigo. Agora vamos, descansará por uns tempos. Cabe a mim ajudá-lo.

Deu-lhe a mão, foi levado para um socorro. Logo estaria em condições de continuar sua tarefa e realizar seu desejo de ajudar seus amigos.

Seu cadáver ficou ali no seu quarto até o anoitecer. Frei Gregório estranhando sua ausência foi procurá-lo e o encontrou. Frei Marco informou ao seus superiores que ele suicidou e, para todos no convento, que ele teve um infarto. Seu enterro foi no outro dia, tudo simples, só com os frades e poucos parentes.

Cinco dias depois o monsenhor chegou no convento. Logo lhe foram entregues todos os documentos, provas de que era Frei Luís quem jogava, que tinha amantes. Tentaram convencer o superior que o frade suicidara ao ser descoberto.

Quase sempre estes assuntos íntimos e desagradáveis não saíam das paredes dos conventos. Monsenhor não querendo escândalos deu por encerrado o caso, deixando os culpados aliviados. Mas este frade inspetor ficou com muitas dúvidas. Sempre achara Frei Luís honesto e caridoso. Transferiu os três envolvidos, um para cada lugar, longe um do outro. Assim, os frades não foram atrás da galinha dos ovos de ouro, como eles chamavam Kim.

E do Plano Espiritual, Frei Luís após o período de adaptação aprendeu rápido como auxiliar e voltou para ajudar seus amigos frades, Felipe e Gregório. Não esqueceu do seu jovem amigo, encorajou e incentivou Kim, como lhe fora permitido.

VII
O REGRESSO

Kim caminhou rápido, estava contente por ter voltado. Olhou a torre da igreja e disse baixinho:

"Que pena Frei Manoel ter morrido! Vovô está triste, sente falta do amigo, mas logo ele também irá morrer..."

Respirou profundamente, até o ar parecia mais gostoso.

"O ar da montanha sempre é mais puro" – pensou.

Aproximou-se do seu antigo lar. Ali, tudo parecia estar do mesmo modo. Lembrou-se de quando era criança, das brincadeiras com os irmãos, de seus pais. Ao recordar, sentiu saudades, muitas saudades. Bateu na porta da casa e foi a cunhada quem atendeu.

— Kim, você voltou! Como está mudado! Martinho não está. Entre...

Ele lembrou, então, que não tinha casa. E que talvez os irmãos não o quisessem. Sorriu para a cunhada que continuou observando. Viu um garotinho lindo no cercadinho, correu para ele.

— É Paulo, não é?

— É – respondeu a cunhada –, mas não o pegue, ele vai dormir.

Sorriu para o sobrinho e este riu feliz, era uma criança linda. Reparou na cunhada, estava inquieta e nervosa.

"Está com medo de mim, teme que fique aqui, não quer nem que pegue o filho."

— Aqui está o presente que trouxe para ele.

— Obrigada!

— Já vou indo – disse Kim desanimado.

— Direi ao Martinho que esteve aqui.

"Não me quer por perto. Irá brigar com Martinho, não deixará meu irmão me hospedar" – pensou entristecido.

Saiu da casa de Martinho, teve vontade de ir à casa de Onofre, mas este deveria estar trabalhando e só voltaria à noite; talvez assustasse também a outra cunhada. Resolveu ir para a casa dos tios. Queria muito ver o avô.

Na casa dos tios, todos o receberam bem. Isabela o abraçou apertado.

— Kim, meu primo querido, senti muitas saudades! Como está bonito!

Sorriu encabulado. Também achou Isabela linda. Esta já estava ficando mocinha. O avô chorou emocionado ao abraçá-lo.

— Meu neto querido, achei que não ia mais vê-lo nesta vida. Como está moço! É um homem agora!

Regina o abraçou.

— Meu primo, sou-lhe muito grata. É tão bom ler os livros. Agora não me dará mais...

— Sinto, Regina, mas tive que regressar.

— Sei...

— Tia Rose, a esposa de Martinho, ficou com medo de mim – comentou o rapaz.

— Bobagem, não ligue, ela é muito jovem.

— Acho que não tenho para onde ir – falou ele triste.

— Ficará conosco como antes – propôs o avô. – Dormirá no meu quarto.

— Fica! Fica! – gritaram Isabela e Regina.

— Claro que pode ficar – concordou a tia.

Kim foi para o quarto com o avô e se pôs a arrumar suas coisas.

— Vovô – disse ele –, o senhor não está bem. Que acontece?

— É o meu braço, bem que me avisou que ia cair.

— Mas não é só isto. O senhor sente a falta de seu amigo Frei Manoel, ele morreu.

— Quem lhe contou? Não escrevemos sobre isto...

— Ninguém me contou – respondeu simplesmente.

— Esqueci. Não o curaram!

— Não – confirmou o jovem. – E parece que piorei. Estou vendo a titia na cozinha pensando que tio Afonso não achará bom ter que sustentar mais um. Os tempos andam ruim e o dinheiro pouco.

— É verdade – confirmou Xandinho –, tudo está muito caro.

— Vovô, o senhor se sente desprezado?

— Só dou trabalho e atrapalho, não consigo ajudar e gasto muito com remédios. Sinto que incomodo.

— Quero ajudar no sustento da casa. Vovô, eu também me sinto rejeitado. Não quero incomodar ninguém.

— Para ter um canto seu, terá que casar – disse o avô.

— Casar? Eu? Não, não irei casar.

Pensou em Isabela, amava sua prima, amava há muito, confirmou ao revê-la. Mas não ia ficar com ela, disto tinha certeza.

— Então que irá fazer? – perguntou o avô.

— Irei trabalhar e me sustentar.

— Trabalho por aqui é escasso. Mas, se Deus quiser, arrumará um emprego.

A tia o chamou para que se alimentasse. Não estava mais com fome. Viera esperançoso e encontrou muitos problemas. Fora ao convento para se curar e voltara pior, agora bastava pensar numa pessoa para saber até o que esta pensava. E as únicas pessoas que se alegraram com sua volta foram Isabela e o avô. Regina gostou, mas a prima cega estava com muitos problemas para alegrar-se com sua volta.

Estava sozinho à mesa, de repente teve a visão que o atormentava desde garoto. Viu terras e pedras rolarem pela montanha. Durou somente instantes, mas o deixou aflito.

"Bastou voltar para ter de novo esta visão. Que irá acontecer? Alguém irá morrer?"

Levantou-se e olhou a montanha pela janela. Lá estava, bonita como sempre.

— Olhando a montanha? – perguntou a tia. – No ano passado, na época de chuvas, houve deslizamento em alguns lugares. Afonso disse que é por terem cortado suas árvores.

Kim assustou-se, não disse nada, mas pensou:

"Ainda bem que agora não é época de chuvas."

Resolveu procurar emprego naquele dia mesmo e saiu esperançoso. Foi primeiro ao armazém. Senhor José, o dono, recebeu-o contente, mas emprego não tinha, explicou. Kim leu seus pensamentos, foi como se ele falasse.

"Se der emprego a este jovem, ele saberá tudo que de errado acontece por aqui. Descobrirá que vendo coisas velhas por novas e, se algum freguês me lesar, dirá e espantará a freguesia.

Agradeceu e não disse nada. Agora sabia bem o que deveria dizer ou não, sentia-se adulto. Assim foi em todos os estabelecimentos da cidade, e nada. Entendeu que as pessoas tinham medo dele e não o queriam por perto. Já estava desanimado, quando o Senhor José veio até ele, já começava a escurecer.

— Kim, Senhor Clarindo, pessoa nova na região, comprou as terras do Senhor Antero. Está no meu armazém, parece que ele está precisando de gente para trabalhar lá. Não conhece você e talvez arrume emprego com ele.

Foi com o Senhor José até o armazém, este o apresentou ao Senhor Clarindo, que sorrindo o olhou de cima a baixo e indagou:

— Gosta de animais? Sabe cuidar deles?

— Gosto muito e sei sim, senhor.

— Posso pagar um salário mínimo. Aceita?

— Sim, senhor.

— Sabe onde moro?

— Sei.

— Esteja lá amanhã às sete hora. Se servir, está empregado.

Kim voltou alegre para a casa da tia. O ordenado era pouco, mas era o que se pagava pela região. Ficaram todos contentes com a notícia.

— Só que é longe, terá que levantar muito cedo – comentou o avô.

— Poderá ir de bicicleta – disse o tio.

Às sete horas do outro dia, Kim estava na porteira da fazenda. Conhecia tudo ali, agora aquelas terras estavam bem cuidadas, tudo pintadinho, cercas novas, tudo muito bonito. O novo proprietário, Senhor Clarindo, estava criando cavalos de raça e os animais eram muito bonitos.

— Quero falar com o Senhor Clarindo – disse ele ao empregado que o recebeu. – Ele me mandou vir aqui para tratar do emprego.

Caminharam em direção à sede da fazenda e logo o Senhor Clarindo veio conversar com ele.

— Bom-dia – falou o proprietário. – Farei um teste com você. Arreie este cavalo.

O arreio estava dependurado. Kim o pegou e o examinou, alisou o cavalo e colocou o arreio sem dificuldades.

— Muito bem. Agora pegue esta escova e escove este outro cavalo. Volto logo para ver.

Saiu. Kim pegou a escova e se pôs a fazer o que fora recomendado. Após uns minutos, Senhor Clarindo voltou.

— Não acabou?

— É impossível fazer uma boa escovação em tão pouco tempo – disse o jovem.

— O emprego é seu! Gosto de pessoas cuidadosas com meus animais. Você está empregado, mas terá que dormir aqui às quartas e sextas. Poderá trazer o almoço ou alimentar-se na cantina, o prato custa barato. Terá as segundas-feiras de folga. O capataz lhe dirá o que tem de fazer.

Quase todos os empregados da fazenda eram de fora e isto lhe deu mais tranqüilidade. Já nos primeiros dias fez amizade com todos. Gostou do lugar e do emprego, apesar de sua folga ser nas segundas-feiras e de ter de dormir duas noites ali. Os empregados solteiros faziam rodízio, dormiam no galpão. Ficavam sempre de dupla. Ali estavam para fazer algum trabalho extra, de emergência.

Kim levava o almoço, comida que a tia fazia no jantar. E nos dias que dormia na fazenda alimentava-se na cantina.

Seu trabalho era escovar os cavalos e ajudar a fazer a ração para eles. Quase não via o Senhor Clarindo. O capataz estava contente com seu trabalho. Um mês passou e recebeu seu ordenado com o desconto das refeições. Ficou contente e deu todo para a tia.

Kim se tornou um mocinho bonito e forte, estava calmo, sua vida era do trabalho para casa. Quase não ia na residência dos irmãos, estes que o visitavam. Lia os pensamentos de quase todos que conversavam ou que observava; tentou não dar importância e viver sua vida em paz. Gostava de cavalos e estes, dele.

Sentia saudades dos amigos do convento, resolveu escrever. Sentia que Frei Luís não estava mais no corpo físico, escreveu, então, ao Frei Gregório. Este respondeu pondo-o a par de todos os acontecimentos. Entristeceu ao saber do falecimento de seu amigo, mas sentiu que Frei Luís seria sempre seu protetor, uma pessoa que o ajudaria.

Isabela queria um vestido novo para a festa tradicional na sua cidade, uma festividade da igreja que era realizada todos os anos. A tia disse que ia ver se conseguia comprar, que o dinheiro talvez não desse.

Kim pediu ao capataz para trabalhar horas a mais no lugar de um empregado que estava doente. Com isto recebeu a mais, separou o dinheiro da tia e foi à loja comprar o tecido que Isabela já havia falado que era maravilhoso. Feliz, entregou o presente a ela, que contente o abraçou e o beijou, deixando-o vermelho e encabulado.

Na fazenda algo ia errado. Os cavalos começaram a ficar doentes e em cinco dias morreram dois. Kim entristeceu e ao escovar um, já adoentado, pensou:

"Queria ajudar, gostaria de saber o que os adoece."

E viu que uma das rações que era misturada com outra não estava boa; algo com esta ração estava errado.

Correu para a casa do Senhor Clarindo. Este estava saindo. Foi ao seu encontro e disse, achando que estava ajudando, e muito:

— Senhor Clarindo, acho que descobri o que está adoecendo os cavalos.

O proprietário da fazenda parou e olhou para ele.

— Sabe?

— Bem, acho que é a ração. Uma delas não está boa.

Senhor Clarindo estava muito preocupado, amava os cavalos e estava levando grande prejuízo com a morte deles.

— Vou verificar – falou somente.

Kim voltou ao seu trabalho e na hora de costume foi para casa. Logo após o jantar, o capataz veio buscá-lo.

Rose não gostou do modo do capataz, mas deixou que o sobrinho fosse, achando que era para um serviço extra. Mas Frei Luís, prevendo perigo para seu amigo, veio tentar ajudá-lo. Fixou em Rose e pediu muitas vezes:

"Não está certo, este capataz estava estranho. Algo deverá acontecer com Kim. Avise os irmãos dele!"

Rose impacientou-se e concluiu que realmente deveria estar acontecendo algo de errado. Foi rápido avisar Onofre e Martinho. Novamente Frei Luís alertou os dois, que ficaram preocupados, e foram rápidos à fazenda do Senhor Clarindo.

Kim fez o trajeto até a fazenda preocupado. Ao sentar no jipe, viu que seria espancado e teve medo. Na fazenda, foi levado ao galpão e ao ver o Senhor Clarindo pediu:

— Não me bata!

— Por que pensa que vou bater em você? Fez algo errado? Quero que me conte como está envenenando a ração. Que colocou nela, e por quê?

— Não fui eu! Nunca ia fazer isto, amo os cavalos. Só vi que uma ração não está boa, não sei o que tem de errado com ela – falou ele gaguejando.

— Que você pôs na ração? Fale! – gritou o Senhor Clarindo nervoso. – Quem lhe mandou fazer isto?

— Não pus nada...

— Dê-lhe uns tapas para que lembre – disse o proprietário aos empregados.

Um o segurou e o capataz bateu nele. Foram socos no ouvido, rosto, cabeça e boca, e as perguntas:

— Fale! Quem mandou? Por que fez? Que colocou?

— Pare, papai!

A filha do Senhor Clarindo entrou no galpão.

— Papai, não bata no menino! Dizem que ele adivinha as coisas, vê o que os outros não vêem. Deve ser um paranormal. Parece ser boa pessoas e é tão jovem! Pare com esta violência!

— Não acredito nisto – replicou Senhor Clarindo. – Ele deve ter sido pago para fazer isto.

— Por que ele iria alertá-lo?

— O problema está na ração mesmo. Fui verificar e achei a que ele disse com gosto estranho. Mandei analisar. Como ele ia saber, se não foi ele? Só alguém muito entendido em ração poderia perceber. Acho que este jovem fez e depois ficou com dó dos cavalos e me avisou.

Kim sangrava. Do seu rosto e boca escorria sangue. Ficou calado, enquanto pai e filha conversavam. Nisto entraram Martinho e Onofre no galpão.

— Kim! – gritou Onofre. – Que estão fazendo com você? O senhor é um assassino!

O empregado largou-o e ele correu para os irmãos que se apressaram em ir embora. Quando estavam saindo do galpão, Kim gritou:

— Sou honesto ouviu, Senhor Clarindo! Vi isto e lhe quis prestar um favor. E por ter o senhor ficado nervoso, quebrou o relógio de ouro que seu avô lhe deu, que está no seu bolso esquerdo. E não terá mais conserto.

Senhor Clarindo levou a mão no bolso da calça e tirou o relógio em pedaços. Olhou surpreso para o trio que afastava receoso. Kim amparado pelos dois irmãos virou para trás e gritou:

— Sei quem colocou o veneno na ração e quem pagou. Mas agora não falo, descubra por si mesmo!

Os irmãos vieram de charrete, que haviam deixado na porteira. Acomodados, Kim suspirou triste.

— Fiquei sem meu emprego!

— Ainda bem que fiquei aflito para vir atrás de você! Parecia que alguém me empurrava para vir – disse Onofre.

Nisto Kim viu Frei Luís, que o abraçou e falou:

"Meu jovem, tenha paciência e perdoe!"

O vulto sumiu e ele sentiu-se reconfortado, entendeu que o amigo o ajudou.

Onofre observou o irmão e falou penalizado:

— Machucaram você! Maldito dom que tem! Ninguém o cura!

— Onofre – respondeu o garoto calmamente. – Devo partir, não voltei para cá para ficar muito. Talvez você precise um dia das minhas adivinhações. Então entenderá que não são malditas.

— Quem foi que envenenou a ração? – indagou Martinho curioso.

— Um empregado a mando do noivo da filha dele.

— Noivo da filha? – perguntou Martinho espantado.

— Senhor Clarindo não quer o casamento e ele quis vingar. Como farei agora para ajudar tia Rose?

— Trabalhará conosco – disse Onofre. – Irá para a lavoura e nos ajudará a cuidar do gado. Irá para a montanha. Daremos a você um pouco por mês e cada dia um levará seu almoço.

O jovem suspirou concordando e pensou:

"É na montanha que morrerei. Talvez deva ser lá meu local de trabalho."

A tia cuidou de seus ferimentos e novamente Isabela e

Regina se indignaram. As primas tudo fizeram para alegrá-lo. Kim estava muito triste. Todos se recolheram, ele deitou-se e demorou para dormir, ficou a pensar.

"Por que, meu Deus? Por que não sou como os outros?"

No outro dia estava com o corpo todo dolorido e o rosto inchado. Alimentou-se com dificuldade. Ficou três dias em casa, depois foi trabalhar com os irmãos.

Isabela sempre que podia ia conversar com ele, indagava sobre o convento, era a única que o alegrava. Regina estava muito quieta, parecia triste e por mais que ele pedisse para que ela falasse o que se passava, ela nada dizia. Ele não queria ser intrometido e não forçou para ver o que ocorria. Tinha consciência de que não deveria ver o íntimo de ninguém. E a prima cega não queria que ninguém soubesse o que se passava com ela. Ele a respeitou.

Waldomiro, um moço bom e trabalhador, estava querendo namorá-la, ia visitá-la e ela parecia indecisa, depois resolveu namorá-lo. Mas estava muito estranha e Kim preocupou-se, queria ajudá-la e não sabia como.

O dia da festa chegou e todos foram. Isabela estava linda com seu vestido novo. Kim pensou em não ir, mas resolveu, por causa de Isabela, ela estava muito feliz. Já estava mocinha e muitos rapazes a admiravam. Ficou na festa num canto olhando-a, ainda estava com o rosto inchado e o corpo dolorido. Ouviu comentários a seu respeito. Sentia que falavam dele, tentou não ligar, mas era difícil; estava deslocado e se esforçou para não ficar triste. Também, sentia ciúmes de Isabela que, alegre, andava por todo lado a conversar com amigos.

"Isabela, minha Isabela, não a mereço. Desta vez ficaremos separados. Espero que seja feliz."

De repente, a visão, a montanha, pedras e terras caindo. Sentiu frio e tonteou.

"Por que vejo sempre isto? Que acontecerá na montanha? Será que é algo referente a Isabela? Será que devo ficar atento? Queria muito que Isabela fosse feliz. E comigo não será. Sou visto como um bicho-de-sete-cabeças. Ora apanho, ora riem de mim. Nem emprego consigo."

A festa acabou, voltaram todos para casa. Estavam felizes, o avô havia bebido e estava um pouco tonto. Rose ralhou com ele, Kim interferiu.

— Deixe-o, tia, é a última alegria dele...

Rose o olhou e não falou nada, só ela o escutou, amparou o pai. Kim ficou triste.

"Por que disse isto? Será que vovô partirá logo?"

Sentia que sim, fez o trajeto em silêncio. Cansados, todos foram deitar; ele ficou pensando na visão e concluiu:

"Ficarei atento, mas o que tiver que acontecer, será."

No outro dia Kim indagou o tio.

— Tio Afonso, há perigo de descerem terras e pedras da montanha?

— Já tivemos desabamentos em alguns lugares da montanha. Cortaram muitas árvores e são elas que seguram a terra para não haver desmoronamentos. Com as chuvas poderá ocorrer. Por que pergunta?

— Por nada...

Logo à tarde souberam da tragédia. Senhor Clarindo havia assassinado o futuro genro e um empregado da fazenda estava desaparecido.

Onofre e Martinho nada comentaram. Porém Kim ficou a pensar angustiado:

"Será que deveria ter falado? Se tivesse falado, evitaria a tragédia? Me surraram e era inocente, não falei, não pensei que o Senhor Clarindo fizesse isto. Ai, meu Deus, ajude-me a discernir quando devo falar ou calar."

Sentiu Frei Luís dizendo:

"Meu filho, você não evitaria a tragédia, se falasse, ele certamente teria matado do mesmo jeito e aí você se sentiria responsável. Aja com prudência e acalme-se. Trabalhe e fique contente."

"Obrigado, meu amigo! – disse Kim baixinho e foi trabalhar.

Trabalhava com os irmãos e todo dinheiro que recebia dava para a tia e ainda os ajudava na horta. Meses passaram, suas roupas estavam acabando, a situação, difícil. Todos trabalhavam muito e a renda era pouca. Estavam cada vez mais pobres.

O inverno chegou rigoroso. Xandinho, aborrecido, já não podia ser útil, sentia-se um peso para seus parentes. Além disto, o braço doía muito. Kim tudo fazia para ajudar o avô. Passou frio para deixar o avô mais agasalhado.

— Agasalhe-se melhor, vovô, não sinto frio. Cubra-se com o meu cobertor. Não reclame, logo estará vivendo melhor.

— Ora, só se Afonso ganhar na loteria.

O jovem sorriu.

— Vovô, há muitas formas de viver bem sem dinheiro.

— Como?

"Quando morrer" – pensou, mas não disse nada.

O inverno acabou. A primavera chegou e logo vieram as chuvas.

VIII

Desencarnação

Choveu por dias, no sábado fez sol e o domingo amanheceu muito bonito. Foram à missa e, após, Kim resolver passar na casa de seu irmão Onofre para ver o sobrinho que estava adoentado. Quando chegou em casa, perguntou à tia por Isabela.

— Foi dar um passeio na montanha com umas amigas.

— Não será perigoso? Choveu muito nestes dias e parece que irá chover novamente, há muitas nuvens no céu.

— É – disse a tia –, o tempo está mudando. Mas elas voltarão logo.

Rose foi para a horta atender um feguês. Kim ficou aflito, tentou, esforçou-se para ver onde estava Isabela.

"Será que haverá perigo? Onde estará Isabela?"

Viu-a a rir e brincar com as amiguinhas perto das Pedras das Cruzes e viu também, logo acima, pedras se soltando. Por instantes ficou apavorado. Regina aproximou-se, sentiu a agonia do primo e indagou:

— Kim, que acontece?

— Isabela na montanha! Devo correr...

Saiu correndo. Regina ficou aflita e foi a vez dela ver, sentir que a irmã corria perigo.

"Elas estão perto das Pedras das Cruzes! Meu Deus! Que faço? Falo ou não?"

Ficou indecisa por momentos, depois começou a gritar.

— Mamãe! Papai! Kim viu perigo na montanha! Isabela foi para lá! Socorro!

Pai, mãe, avô, vizinhos, fregueses, todos correram e Regina continuou a gritar.

— Calma, Regina! – gritou o pai. – Fale o que está acontecendo!

— Kim viu terras e pedras rolarem da montanha, foi para lá atrás de Isabela e das amigas dela.

— Que lugar? Onde? – perguntou Afonso aflito.

Regina hesitou. O primo não falou, mas ela viu, jurou não falar; mas eles corriam perigo e, se ela não podia ajudar, os outros podiam. Disse baixo:

— Nas Pedras das Cruzes.

Correram todos, só ficaram ela e o avô. Regina pôs-se a chorar.

— Vamos orar, Regina – disse o avô. – O tempo mudou rápido e uma tempestade se aproxima.

Regina orava desesperada.

"Meu Deus, perdoe-me. Jurei não falar de minhas visões e quebrei o juramento. Perdoe-me. Se tiver que castigar que seja a mim, que não cumpri o juramento. Salve-os! Salve minha irmã, proteja Kim. Por que vi? Ou como não falar? Ainda bem que todos pensaram que foi Kim que me disse. Ele não se importará de confirmar."

Logo começou a chover.

Kim saiu da casa da tia desesperado, correu rápido e, antes de chegar no local, começou a chover forte. Pedras das Cruzes era um lugar bonito com pedras de vários tamanhos. Chamava-se assim por ali terem morrido, há muito tempo, pai e filho por um raio. Ali foram feitas duas cruzes de pedras.

Kim chegou e não as viu. Gritou aflito por Isabela. Com a chuva, ela e as amigas se abrigaram num vão de uma grande pedra. Ao escutar chamá-la, saiu e abanou a mão.

— Estamos aqui! Venha cá, senão irá molhar-se!

Kim olhou para cima. Reconheceu. Àli era o lugar que sempre via nas suas visões. O desmoronamento ocorreria naquele lugar, agora tinha certeza. Onde as meninas se abrigaram só dava para ir por um lado, do outro era um paredão de pedras de difícil acesso e muito alto.

"Será agora?" – pensou o mocinho aflito.

Correu até elas.

— Saiam daqui, já! Por favor! Saiam!

As meninas, sete, o olharam desconfiadas, depois ao vê-lo assustado, apavoraram-se e duas correram.

— Para lá! Para lá! Corram!

— Que acontece? – perguntou Isabela. – Que se passa?

— Vai desmoronar! Corram!

Nisto escutaram barulho, duas pedras rolaram à frente, no caminho que deveriam passar. As cinco se apavoraram e não conseguiram sair do local.

— Saiam!

Kim pegou uma pelo braço e a forçou a correr, e assim fez com as outras três. Ficou só Isabela que o olhava apavorada. Escutaram barulho e algumas pedras e terras rolaram parando onde iriam passar. Agora teriam que pular uns três metros para poderem correr e sair da área de risco.

— Corra, Isabela, pelo amor de Deus!

Gritou pegando-a, empurrou, jogando-a do outro lado. Isabela pulou e correu. O mocinho percebendo o grande perigo calculou que seria ele ou ela e não hesitou na escolha, mas tentou com todo esforço salvar-se. Quando Kim deu o impulso para pular e correr, uma pedra lhe atingiu a fronte, tonteou-o e ele não pulou. Toneladas de terras e pedras caíram em cima dele. Viu-se no escurou, sentiu-se sufocar, imobilizado. Por instantes apavorou-se, mas esta sensação ruim passou logo; sentiu-se livre e pôde respirar normalmente. Tonto ainda, escutou alguém lhe falar com muito amor.

"Kim, acalme-se! Tudo está bem!"

Confiou e sentiu-se melhor. Liberto, aconchegou-se nos braços que amorosamente o abraçavam. Um torpor mais forte o impediu de ver o que ocorria. Sentiu-se acomodado num leito gostoso e dormiu tranqüilo.

Isabela com o empurrão pulou e correu sem olhar para trás. Tinha certeza de que Kim estava atrás dela. Escutou o barulho de pedras e terras rolarem. Parou junto às outras que gritavam chorando assustadas. Isabela olhou o local em que instantes antes estivera: estava tudo coberto.

— Kim nos salvou – comentou emocionada –, salvou-me!

A chuva caía forte. Nisto, Rose e Afonso com outras pessoas chegaram cansados pela corrida. Afonso abraçou Isabela.

— Estão bem? E Kim?

— Está lá embaixo – informou uma menina, apontando para o lugar onde estavam.

— Não! – gritou Isabela desesperada. – Kim! Não!

O pai teve que segurá-la para que não voltasse lá. O desespero dela foi grande. Quando a tempestade passou, os homens da aldeia foram em busca do corpo de Kim.

— Morreu para nos salvar! – falava Isabela sem parar.

O pai teve que carregá-la para casa. Ela entristeceu profundamente. Regina tentou acalmá-la.

— Isabela, não desespere. Se nosso primo viu o perigo e foi salvá-la, foi porque quis.

— Minha filha – disse Rose –, este menino sofria muito.

Agora deve estar com os pais e bem melhor.

Nada consolava Isabela. Três dias depois acharam o corpo de Kim e enterraram.

— Havia muita gente no enterro, acho que todos os moradores da cidade foram – comentaram Rose e Regina.

— Deve ter sido remorso – respondeu Isabela. – Ninguém dava valor ao dom do nosso primo. Tinham medo dele, desprezavam e até o surraram. Agora que ele não precisa de consolo, vão todos lhe prestar homenagem.

— Espero que nosso Kim não precise mais de ninguém – disse o avô. – Que esteja no céu com minha Mariana.

— Nunca vou esquecer que morreu para me salvar. Se não tivesse me apavorado, tinha pulado antes, e daria tempo para ele fazê-lo também. Mas nos apavoramos e ele teve que nos empurrar. Se tivesse me deixado, estaria vivo.

— E você morta – falou Regina. – A escolha foi dele e nosso primo agiu certo. Tempos atrás, Kim me disse que preferia ser surrado do que deixar algo de mal acontecer a alguém; se ele pudesse evitar acontecimentos ruins, faria com prazer. Que a dor da surra passava e, se algo acontecesse de ruim a outra pessoa por ele não ter falado, a dor não passaria fácil. Ele queria muito bem a você Isabela e sua escolha deve ter sido a melhor para ele. Mamãe tem razão, Kim deve estar bem melhor agora.

— Isabela – disse o avô –, Kim deve estar feliz por tê-la salvado. Não teve ele uma vida fácil, sempre foi diferente. Espero que ele venha me buscar. Ele me disse que eu logo iria morar num lugar diferente, espero que seja para ficar com ele. E, a não ser nós que o amamos, logo todos esquecerão do menino que adivinhava.

Só o tempo amenizou a dor de Isabela, mas sempre lembrou do primo com muito carinho e gratidão. Morreu para salvá-la. O avô, Senhor Xandinho, chorou muito, sentiu-se mais sozinho sem seu neto querido, orava muito por ele.

Kim acordou disposto, espreguiçou.

— Que cama gostosa! – exclamou alto.

Olhou tudo, o lugar lhe pareceu agradável.

"Por que estou aqui? Que lugar é este?"

Lembrou então do acidente.

"Que será que aconteceu?"

Entrou um senhor idoso no quarto e sorriu para ele. Kim gostou dele.

— Como está, mocinho? Sente alguma coisa?

— Estou bem, obrigado.

— Você está entre amigos e alguns deles estão esperando para vê-lo, só que...

— Será mamãe?

— Bem... – disse o senhor. – Você quer vê-los?

Kim pulou da cama e olhou ansioso para a porta. A mãe, o pai e Frei Luís entraram e Kim os abraçou muito feliz. Depois da euforia do encontro, ele indagou:

— Consegui salvar Isabela?

— Sim – respondeu sua mãe –, Isabela está bem, chora sua desencarnação e lhe é muito grata.

— Que é de fato morrer? Sou eterno! Via os senhores e tenho a certeza de que a vida continua. Mas onde irei ficar? Que irei fazer? Que lugar é este?

— Kim, meu filho – esclareceu a mãe –, o corpo de carne morre e somos levados a viver onde fizemos por merecer. Você está num lugar lindo e aqui há muito que fazer. Irá estudar, aprender a viver desencarnado, e escolher uma forma de ser útil. Nós o ajudaremos.

— Mamãe, papai, que bom estar aqui com os senhores! Será que aqui ainda serei diferente dos outros?

— Ora, aprenderá muitas coisas – disse Frei Luís. – E esta diferença que diz não lhe será mais problema.

Kim estava numa casa onde seus pais moravam com outras pessoas. Foi tratado com muito carinho e sentiu-se feliz. Sempre acompanhado por um amigo, conheceu toda a Colônia onde foi abrigado. Achou-a linda, encantou-se com o que via, ali para ele era mais que o paraíso, porque naquele lugar, além da beleza, trabalhava, estudava e aprendia a amar tudo e todos. Dias depois estava na escola e aprendia tudo com facilidade; recordando, logo se inteirou de vidas passadas.

Mas bastava olhar para alguém para saber o que pensava, de seus planos. Preocupado, procurou o orientador da escola.

— Não se preocupe, meu jovem – disse o mentor bondosamente. – Procure estudar e logo que terminar este curso o enviarei a outro que lhe será muito útil e terá oportunidades de entender bem o que lhe ocorre. Isto que lhe acontece é natural por aqui.

Sua mãe lhe trazia sempre notícias dos familiares e ficou contente, quando ela disse que o avô viria logo para estar com eles. Dias depois, Mariana informou:

— Seu avô desencarnou hoje. Foi desligado do corpo e está dormindo no hospital.

— Está doente? – indagou espantado.

— Seu corpo esteve, tem ainda o reflexo da doença. Mas não se preocupe, papai sempre foi muito bondoso e logo estará bem. Amanhã levarei você para vê-lo.

Kim foi ver o avô, que dormia tranqüilo. Ao sair do quarto indagou:

— Mamãe, por que vovô dorme?

— A desencarnação não é igual para ninguém. A maioria sente a morte do corpo como se dormisse. Ele necessita refazer suas forças e o sono é benéfico. Mas nem todos que dormem têm o sono tranqüilo. Muitos têm pesadelos, culpas que atormentam. Nem todas as pessoas que desencarnam são socorridas. Se para as pessoas boas a desencarnação é boa, para os maus e displicentes não é nada agradável.

Dias depois, Kim o encontrou acordado e se abraçaram comovidos.

— Estou achando a morte muito esquisita. Não estou acreditando que morri. Já abracei Mariana, Sebastião e agora você, mas não tenho certeza.

— Não é esquisito, vovô. Logo acostumará e estará saudável.

— Será que não estou sonhando? É tão bom para ser verdade! Não tenho dores. Vou dormir! Só acreditarei se acordar de novo e vir vocês.

Acomodou-se no leito e dormiu.

— Mamãe – disse Kim um pouco decepcionado. – Ele não acredita que desencarnou.

— Está fugindo da realidade. Não sei por que fantasiam tanto a morte do corpo. E a maioria demora a entender que vive de outro modo. Muitos esperam uma transformação insólita com a morte, algo fenomenal, mas a desencarnação é algo simples, sem complicação. Eu também estranhei, mas me adaptei logo e seu avô também o fará.

— Não existe nenhuma religião que explique melhor o que acontece quando se desencarna? – indagou Kim.

— Existe sim, filho. Muitas pessoas tentam não fantasiar, partindo do estudo de uma Doutrina.

— Será a Espírita, a do Senhor João da nossa cidade?

— Sim.

— Acho que bobeei em não procurá-lo – disse o mocinho, suspirando. Por que a maioria das pessoas não procura saber mais sobre a morte?

— Creio que por temer a verdade, por ter que mudar, abandonar seus vícios. Muitos preferem adiar o assunto como se a desencarnação não fosse para eles. Mas saber só facilita, o importante é merecer; e isto não envolve conhecimentos sobre desencarnação e, sim, o que se é, o que se fez.

— Mamãe, sou grato por ter sido auxiliado.

— O agradecimento sempre deve ser de coração. Temos na hora da desencarnação nossa parte da colheita. Se foi auxiliado, é certo que aprenda e passe a auxiliar.

Kim gostava muito da casa em que morava, era simples, mas confortável. Não sentia mais calor ou frio e estava ótimo. Passou a estudar com todo empenho e a ler muito.

Frei Luís sempre o visitava. Ele morava em outra Colônia, conversavam muito e pediu ao amigo:

— Não me chame de frei, este foi um título que recebi, quando encarnado; quero ser só seu amigo Luís.

— Luís, como está o convento? E Frei Felipe?

— Tenho ido muito lá. Frei Gregório me vê e com isto tenho conseguido ajudá-los melhor. O convento está bem com o novo superior que é um bom padre. Frei Felipe se recupera. Tenho conversado com seus obsessores, já consegui orientar alguns e espero fazê-lo com todos. Como também tenho ido visitar os outros: Frei Marco, Fernando e Leonel; tento orientá-los. Estou esperançoso e contente com meu trabalho.

Dias depois foram ver o avô, que acordou.

— Então é verdade – disse ele –, morri mesmo. Que faço agora? Estou inquieto e triste.

— Calma, papai – aconselhou Mariana. – Estarei com o senhor e o ajudarei. Amava-nos tanto, queria se reunir conosco e agora que o fez fica triste.

— A morte não é sempre triste?

— Morte é um fato natural. São as pessoas que complicam. Não deveria ser triste.

— Kim – perguntou Xandinho –, onde está Frei Manoel? Ele não veio me ver ainda. Gostaria de abraçá-lo.

— Direi a ele para vir vê-lo – respondeu o mocinho.

— Faça isto, por favor, e depois, fazendo uma expressão de desalento, reclamou: – Ainda tenho necessidades, pensei que me livraria de todas...

— Ninguém muda de hábito tão depressa. Só os recém-desencarnados que entendem bem este acontecimento chegam aqui superando as necessidades rotineiras de corpo físico. O senhor se adaptará e, neste período, aprenderá muitas coisas: entre elas, como viver sem o corpo de carne – esclareceu Mariana.

O avô estava se recuperando bem, mas ainda dormia muito. Como estivesse sonolento, deixaram-no tranqüilo, acomodado. Fora do hospital, Mariana disse contente:

— Logo papai estará morando conosco.

— Mamãe, não vi Frei Manoel, a senhora sabe dele?

— Não sei, também não o vi. Quando queremos saber notícias de alguém aqui temos que ir ao Departamento de Informações.

— Irei lá à tarde, tenho-a de folga.

Kim pensou no amigo do seu avô e se indagou:

"Onde será que ele está?"

IX

À Procura de um Amigo

À tarde, Kim foi ao Departamento de Informações. Quase em todas as Colônias existe um local onde se pode obter informações. É muito consultado por aqueles que buscam saber do paradeiro de parentes e amigos. Ele foi atendido por uma senhora simpática a quem deu todos os dados.

— Volte amanhã à tarde, informarei a você o local onde está seu amigo. Aqui ele não está.

— Como não está? – perguntou curioso.

— O Plano Espiritual é vasto. São muitos lugares onde um desencarnado pode estar. Para saber o paradeiro de uma pessoa é necessário indagar, verificar. Aqui não está, ele não consta da lista de moradores e nem de abrigados. Talvez esteja em outra Colônia ou em algum Posto de Socorro nesta região.

— Certamente estará em outra Colônia ou em algum Posto, ele foi uma pessoa muito boa. É um grande amigo do meu avô. Voltarei amanhã, obrigado.

Na hora marcada, lá estava ansioso. Desejava muito rever seu pároco querido e convidá-lo a visitar seu avô. A mesma senhora o atendeu.

— Aqui está! Frei Manoel encontra-se na Zona Quinze do Umbral.

— Trabalha lá? – perguntou Kim.

— Não, infelizmente está vagando.

Kim sabia que no Umbral estavam os que de alguma forma se achavam desequilibrados, espíritos atolados no remorso e os que são maus, sem sequer terem arrependimentos. Não tinha ainda ido lá, mas já o vira em fitas. Espantou-se e perguntou:

— Por favor, a senhora tem certeza?

— Tenho! Sinto muito, é a notícia que tivemos. Ele se encontra na Zona Quinze.

— Obrigado!

Para facilitar o trabalho dos socorristas o Umbral é separado por nomes, números, região, zona, etc, como existem também locais sem esta divisão.

Kim ficou pensativo. Por que Frei Manoel estaria lá? Injustiça? Descuido? Intrigado, procurou Luís, este também o conhecia; pertenceram à mesma congregação, poderia esclarecê-lo e o fez.

— Por que tanto espanto? Quando conhecemos uma pessoa superficialmente, é como olhar um quadro sem vermos a paisagem. No quadro, vemos uma gravura imóvel que mostra o que viu quem o fez. Mas se virmos, ao vivo, o que foi pintado, vamos notar muito mais detalhes. Se conhecermos melhor uma pessoa, nós a veremos como ela é e, muitas vezes, aquilo que nos parecia perfeito talvez não seja. Não existe injustiça no Plano Espiritual. Descuido? Também não. Cada um é atraído, ao desencarnar, para o lugar que fez por merecer.

— Gostaria de ir vê-lo, talvez pudesse ajudá-lo – disse o mocinho.

— Se sente esta vontade, deve tentar – falou seu amigo

Luís. – Vá ao Departamento de Auxílio e peça orientação.

Kim disse ao avô que seu amigo Frei Manoel estava no momento impossibilitado de visitá-lo. Xandinho se recuperava rápido. Estava muito feliz e se alegrou com os dizeres do neto.

— Obrigado, Kim. Gostaria mesmo de rever meu amigo, quero lhe falar. Há muito tempo tenho algo importante para lhe dizer, não o quis fazer enquanto estava encarnado. Pensava antes que, se tivesse oportunidade, diria no céu. Bem, agora que nós dois estamos mortos, ou seja, desencarnados, é tempo de conversar. Embora seja diferente, aqui para mim é o céu. Existe lugar mais belo? Não creio, aqui é maravilhoso.

Kim marcou uma entrevista no Departamento de Auxílio, foi ansioso ao encontro marcado. O encarregado, muito gentil, o escutou e esclareceu:

— Daqui a dois dias uma equipe de socorro irá ao Posto situado na Zona Quatorze. Se você obtiver permissão do seu instrutor de escola, poderá ir junto e procurar seu amigo.

Ele foi logo após procurar seu instrutor, contou rápido o que ocorria e pediu permissão.

O desencarnado que ainda não aprendeu a viver como tal deve pedir autorização ao Departamento ao qual está vinculado, sempre que desejar fazer algo que não está programado. Kim devia esta obediência a seus instrutores. Espíritos que não agem assim são desvinculados. Deve-se obedecer regras, se quiser ter seus direitos respeitados.

Seu instrutor o escutou e opinou:

— Kim, fruto colhido verde não serve para muita coisa. Se este seu amigo está a vagar, é porque necessita deste aprendizado. E se ele se achasse em condições de ser socorrido, estaria entre nós.

O mocinho abaixou a cabeça entristecido e o instrutor continuou a falar calmamente:

— Porém, alegro-me por você dar valor à amizade. Tem minha autorização. Recomendo que obedeça fielmente ao chefe da equipe. Irá para auxiliar e não para atrapalhá-los. Ajudarão você a localizá-lo, mas socorrê-lo cabe a eles resolver, e você deverá acatar a decisão deles.

— Sim, senhor, não esquecerei suas orientações – disse ele alegre. – Direi ao Frei Manoel que meu avô está aqui e quer vê-lo. Ele irá querer, virá com certeza.

— Querer não é tão necessário, o importante é estar preparado para vir. Mas, quando usamos o coração em favor de alguém, conseguimos mudar muitas coisas. E tenha bom proveito nesta excursão.

Esperou impaciente pela partida. Seria uma excursão de três dias e teria que aproveitar bem o tempo. Tentou não ficar curioso, mas era difícil. Matutava pensando por que estaria um pároco de uma cidadezinha a vagar em sofrimento pelo Umbral.

Foi conhecer Nestor, o instrutor da equipe, e este pacientemente esclareceu:

— Quase sempre somos nós mesmos que nos condenamos. Vingadores e pessoas que se acham credoras podem nos cobrar, mas cabe-nos aceitar ou não o que nos impõem. Consciência pesada é nossa condenação. Quer maior castigo que sermos julgados e condenados por nós mesmos?

— E se não tivermos discernimento para julgarmos? Ou se ainda não tivermos consciência dos nossos atos errados e julgá-los certos? Que acontece aos desencarnados? Explique-me, por favor.

— Há em toda a Terra ensinamentos para que não façamos o mal e para agirmos no bem. E temos isto dentro de nós. O servo que não sabe da vontade do Senhor e fez más ações levará menos açoites do que aquele que sabe e o fez, ensinou-nos Jesus. Mas todas as ações, boas e más, nos deixam marcas.

Afirmo-lhe, meu rapaz, que existe mais justiça do que você pensa. Somos sempre atraídos para o lugar que merecemos. É a lei da atração! Ninguém inocente vaga em sofrimento, quando desencarna. E ninguém é deixado ao abandono, quando se pede socorro com sinceridade. Devemos ser caridosos com todos nossos irmãos que vagam, não devemos julgá-los e nem querer saber o que ocorre com eles por curiosidade. Se nos é permitido saber, que seja somente para ajudá-los. Os crimes ocultos são os que pesam mais. Um criminoso que esteve anos preso por seus crimes numa prisão, arrependido, sentirá que resgatou e normalmente o fez. Não necessitará sofrer mais por aquele erro. Normalmente aqueles que não pagam por eles, mantendo-os ocultos, ao desencarnar não podem mais escondê-los, porque não se consegue esconder nada de si mesmo.

Kim agradeceu a preciosa lição, lutou com sua curiosidade e passou a pensar somente em ajudar Frei Manoel. Para ele, agora, o importante eram as muitas coisas boas que o frei fez.

Ficou pronto bem antes da hora marcada. A partida da Colônia foi alegre e Kim seguiu para o Posto da Luz, esperançoso. Nestor explicou a ele que sua equipe ia sempre ao Umbral a trabalho e se hospedava no Posto. Apresentou José a Kim. José também tivera autorização para ir em busca de um ente querido.

Nossos visitantes se encantaram com o Posto da Luz. Era cercado por altos muros, a construção era de estilo antigo, tudo bem conservado, pintado de branco e com muita folhagem. O casarão tinha muitas janelas altas e flores no beiral. Isidoro, o orientador da casa, os recebeu com carinho.

— Estes dois – esclareceu Nestor –, tiveram permissão para vir em busca de afetos. Peço-lhe ajuda para que eles obtenham êxito.

— Certamente – disse Isidoro sorrindo. – Pedirei a dois

dos nossos trabalhadores para acompanhá-los. Como já fui informado, cada um deles deve ir a um lugar diferente. Espero que tudo dê certo para vocês.

— Quero socorrer minha mãe – falou José.

Kim compreendeu bem a lição que Nestor tinha dado sobre curiosidade. Ali ninguém perguntava só para saber. Ofereciam ajuda. Olhou para o companheiro, ele devia ter um problema sério. José quis falar, tinha necessidade e bondosamente Isidoro e Nestor o ouviram; Kim também, já que estava com eles.

— Minha mãe sempre foi boa para mim e meus irmãos. Foi uma prostituta, cada um de nós tivemos um pai, ela teve muitos filhos e nunca fez um aborto. Desencarnei aos doze anos com tuberculose, fui socorrido e estou bem. Mamãe cometeu muitos erros, desencarnou e veio parar no Umbral. Faz alguns anos que aqui enturmou. Por muitas vezes tentei alertá-la, fazer entender que existem formas de viver melhor, ela não me atendeu. Mas, agora, sinto-a cansada, começa a se arrepender, despertando para a realidade, e está pensando muito em mim. Venho tentar novamente, vou conversar com ela, talvez me atenda. Agradeço a colaboração dos senhores.

— Irá conseguir, José, ainda levará sua mãezinha para um socorro. Conseguirá fazê-la compreender a verdade. Faça do seu amor sua argumentação e arma – falou Isidoro.

Minutos depois, Isidoro apresentou Mateus a Kim. Era o trabalhador do Posto que o acompanharia. O mocinho gostou dele, era simpático, sorriso franco, aparentava ter cinqüenta anos. Mateus fitou-o com olhar bondoso e inteligente e disse:

— Sairemos logo à tarde, já localizei seu amigo e espero que o encontremos ainda hoje.

No horário previsto saíram os dois do Posto. Kim, curioso, observava tudo, mas tratou de ficar bem perto de seu guia.

— Está há muito tempo por aqui? – perguntou Kim.

— Faz quinze anos que trabalho no Posto, conheço esta área muito bem. Gosto muito do meu trabalho.

— Ei, servo, venha cá!

Kim assustou-se e olhou para o dono da voz, que autoritário deu a ordem. Era um homem que vestia roupas caras e luxuosas, embora em farrapos. Estava sentado numa pedra. Mateus foi até ele e o homem lhe falou arrogante:

— Maldito servo! Gente ralé! Não dão valor a nada que damos a vocês. Malditos! Pensa que é importante porque mora naquela casa com tantos outros? Você não passa de um servidor!

Mateus não respondeu, Kim ficou abismado. Seu companheiro pegou o cantil da cinta, colocou numa caneca água fresca e pura da fonte do Posto e lhe deu. O homem pegou trêmulo, bebeu e após jogou fora a caneca. Calmamente Mateus pegou-a e convidou Kim a seguirem caminho. O homem ainda falou irado.

— Não me dá vinho! Inútil!

— Como pode? – indagou o jovem ao seu cicerone. – Por que ele age assim?

— Por que tanto espanto, meu rapaz? – respondeu Mateus calmamente. – Quem agia assim encarnado, não muda desencarnado, sem aprender. Este senhor foi muito rico, não fez muitas más ações, não deixou inimigos, embora não tenha agradado a todos que o cercavam. Mas foi orgulhoso do que julgava possuir. Quando desencarnou, ficou anos a vagar por sua antiga residência. Sua mãe intercedeu por ele e veio ter no Posto da Luz. Mas a vida simples da nossa mansão não o satisfez. Não queria dormir na enfermaria, dizia nervoso que não queria ficar num quarto com outros. Queria ser servido e exigia privilégios aos gritos.

— Puxa! – exclamou o mocinho. – O Posto da Luz é tão lindo! Como não gostar de lá?

— Muitos não ficam satisfeitos com o que a mansão pode oferecer. Felizes são os que se contentam com o que têm ou com o que podem ter. Este senhor não estava acostumado com a simplicidade e não teve humildade para aceitá-la. Para ele era humilhante o que lhe era oferecido. Sua mãe percebeu o incômodo e pediu que o portão fosse aberto para ele. Esperamos que a dor o faça compreender.

— Ele sabe que desencarnou?

— Sim, sabe.

— Por que o chama de servo? Conheceu-o encarnado?

— Sim, conheci, fui empregado dele – respondeu Mateus.

Calaram-se. As reflexões eram individuais. Kim admirou mais ainda o companheiro.

De repente, escutaram um grande barulho, uma algazarra. Um grupo, doze desencarnados estavam cantando e rindo às gargalhadas. Indiferentes, passaram sem ao menos olhá-los. Kim, porém, observou-os, não conteve a curiosidade e indagou:

— Mateus, como podem se alegrar neste lugar? Pensei encontrar só dores por aqui.

Seu cicerone sorriu e não o deixou esperando por uma explicação:

— Existem muitos modos de viver, tanto encarnado como desencarnado. Há pessoas no corpo físico que não dispensam o banho e gostam de trajes limpos. Para outros, banhar é castigo. Muitos têm o trabalho por bênção, outros são atraídos pela ociosidade. Tantos preferem assuntos sérios, outros, conversas fúteis. A diversidade é grande. Para você, como para muitos, viver aqui neste lugar seria estar num vale de dores, e o é para os que sofrem no remorso ou para os que caem nas mãos de vingadores e obsessores. Contudo, alguns, que consideram aqui como moradia, gostam e se dizem satisfeitos. Aparentam ser alegres, mas não são felizes. A felicidade é algo que brota de dentro para fora. Gritaria, algazarra, gargalhada, não quer dizer nada. Os componentes deste grupo que vimos são brincalhões e irresponsáveis; vivem aqui e vão muito para perto dos encarnados à procura de diversão e para vampirizá-los. Não querem ainda mudar e fogem de nós, socorristas, e de todos bons espíritos, sejam encarnados ou desencarnados. Mas aqui também é morada de muitos espíritos maus que não perdem oportunidade de prejudicar seu próximo. Estes também dizem gostar muito daqui e se sentem donos. Mas a alegria fútil não traz bem-estar e eles cansam. Aqui tudo é transitório, seus moradores e os que vagam terão idéias e irão um dia querer mudar. Mas, amigo, por aqui existe muito sofrimento.

Calaram. Kim prestava atenção por onde andava. Pensou que sem seu guia se perderia e arrepiou. Vultos os espiavam e outros afastavam rápidos ao vê-los.

"Será que seremos atacados?" – pensou o mocinho cismado.

— Não tenha receio – disse Mateus. – Ninguém nos atacará. Costumo andar por aqui todos os dias. Às vezes, atacam o Posto da Luz. São desencarnados que se julgam donos do pedaço ou ofendidos com algum socorro. Mas, se por ventura alguns nos atacarem, pego em sua mão, volitamos rápido e em segundos estaremos seguros.

Kim sorriu, entendeu que aquele que trabalha por amor a seus irmãos, trabalha por amor a Deus. O perigo é para quem não confia. Seria muito imprudente ele ir sozinho. Mas Mateus tinha muita experiência e muitos anos de trabalho pelo Umbral, sabia lidar com todas as circunstâncias e amava profundamente o que fazia. Querendo elucidar melhor, Mateus falou:

— Nenhum dos nossos trabalhadores se perde por aqui ou é aprisionado. Para ser um servidor do Bem, precisa-se aprender. Só o conhecimento permite melhores resultados. Nós, os socorristas, passamos por um bom período de aprendizado. Respeitamos todos e eles sabem disto; podem nos xingar, até nos atacar, porém estão conscientes de que não podem deter nosso trabalho.

Kim observava tudo curioso. O Umbral é também uma casa do Pai, local onde vivem muitos irmãos ignorantes do Amor, mas muitos também têm esperança de poder habitar espaços melhores.

— Estamos quase chegando, é só descer mais um pouco – falou Mateus.

"Será que acharei Frei Manoel?" – pensou Kim. "Será que poderei socorrê-lo? Irei conseguir que ele queira ser ajudado?"

— É aqui – disse Mateus. – Vê aqueles três conversando? Um deles é quem procura.

Foram aproximando lentamente, eram três homens com vestes sujas, cabelos duros e barbados. Conversavam distraídos e não os viram.

— A festa vai ser ótima – comentava um deles. – Você precisa ir, Maneco, senão pode ofender o Lau.

— Ninguém notará minha ausência. Não estou com vontade de ir.

Kim estremeceu ao ouvir aquela voz. Era Frei Manoel, mas estava muito diferente.

— Matilde estará presente – insistiu o outro.

— Deixem-me em paz! Prefiro ficar quieto aqui.

— A solidão é má companheira, Maneco, pode pensar muito, arrepender-se e...

— Cale a boca! – protestou Frei Manoel.

— Bom-dia! – disse Mateus a eles. – Como estão passando?

Os três assustaram e iam correr, mas não conseguiram se mover e nem falar. Mateus os paralisou com a força de sua mente.

Aproximaram do trio. Kim os observou e fixou no que achava ser Frei Manoel, o tal de Maneco. Este, cabeludo, barbudo, vestido como um jovem rebelde, nada aparentava do senhor respeitável que conhecera. Porém, sentiu, teve a certeza de que era ele. Mas, ao fitá-lo, cenas confusas vieram à sua mente. Viu-o jovem a entrar numa casa onde uma jovem o esperava. Parecia que ele e seu avô Xandinho estavam presentes.

— Então, estão planejando ir a uma festa? Por que vocês não param um pouco para pensar em Deus e não rogam a Ele bênção e misericórdia? Não têm vontade de conhecer outra forma de viver desencarnado? Não têm vontade de melhorar? Vocês não gostam que lhes chamam de vampiros, mas vivem vampirizando energias alheias. Pensem bem no que são e no que gostariam de ser. Por que prejudicar, se podem ajudar? Estou aqui lhes oferecendo amizade e ajuda.

Quando Mateus acabou de falar, sentiram-se livres e um deles respondeu:

— Convido-o para vir à nossa festa. Divertirá mais do que andar por aí falando besteira. Lá se bebe e se come do melhor. É melhor nos deixar, não queremos nem sua ajuda, nem seus conselhos. Vá converter tolos em outro lugar.

Os dois saíram correndo e um deles gritou:

— Vampiro é a vó!

Mateus não se alterou. Frei Manoel permaneceu parado.

— Aí está seu amigo, Kim – disse seu acompanhante – e, virando para Frei Manoel, falou: – Senhor, este jovem solicita sua atenção por alguns minutos, ele julga conhecê-lo e quer conversar com o senhor. Sentem aqui.

Mateus pegou-o pelo braço e o ajudou a sentar. Virou para Kim e disse:

— Ele permanecerá sem se mover por alguns instantes, mas pode escutá-lo e falar.

Kim carinhosamente colocou a mão no ombro do seu velho pároco.

— Tire a mão de mim! Não o conheço!

— O senhor não se lembra de mim? Sou Kim, o Joaquim, neto de Xandinho, seu amigo. Meu avô também desencarnou e quer vê-lo, por favor...

— Não os conheço – disse Frei Manoel em tom ríspido.

Mateus afastou-se uns metros, deixando que conversassem a sós.

— Frei Manoel, eu...

— Não me chame assim! – interrompeu o antigo sacerdote.

— Maneco, gostaria de conversar com o senhor. Não se lembra mesmo de mim?

— Não, mentiu.

Kim viu que Frei Manoel lembrava dele, pensava nele andando pela praça, pela cidade.

— Sou este menino em quem está pensando.

— Que você quer? Deixe-me em Paz!

— O senhor está em Paz? – perguntou Kim, olhando-o nos olhos.

— Atrevido! Deixe-me ir embora!

— Gostaria de levá-lo para ver meu avô, ele me pediu isto, gosta muito do senhor e quer revê-lo.

— Onde está Xandinho? – perguntou o ex-frade, mudando o tom de voz. Estava mais calmo.

— Na Colônia perto daqui e...

— Ora! E você está pensando em me levar lá? Que idéia! Acha que posso entrar lá só porque você quer?

— Não, senhor – respondeu o mocinho –, necessitaria querer ir e depois...

— Arrepender, entregar-me e obedecer aos seus amigos – interrompeu o ex-frei novamente.

— Isto é ruim? O senhor aqui não obedece a este bando da Matilde?

— Cale-se! Matilde é minha irmã!

— Sei... – disse Kim, olhando-o com carinho.

Frei Manoel suspirou, depois começou a falar, lembranças vieram à mente.

— Tudo é intriga! Sujeira! Lembro com saudade de minha infância. Minha família era de classe média, vivíamos num sítio bem cuidado. Matilde era minha irmã mais velha. Foi obrigada pelo meu pai, pelo bem da família, a casar com um homem rico da região. Este homem que dizia apaixonado pela minha irmã nos ameaçou, ou ela casava com ele ou perderíamos tudo, talvez até a vida. Ela casou. Senti muito sua partida de casa, nós nos amávamos muito. Ela morreu três anos depois. Só vim saber sua história aqui, quando desencarnei. Minha pobre irmã sofreu muito, o esposo era ciumento, maltratava-a e ela passou a odiá-lo. Apaixonou-se pelo cunhado, o irmão e sócio de seu marido, que era um belo e gentil rapaz, porém casado e com filhos. Passaram os dois amantes a se encontrar escondidos, até serem descobertos. Seu esposo soube bem vingar a traição. Prendeu-os no porão da casa onde aprisionava seus escravos fujões. Deixou-os em celas separadas sem água e alimentos. Consolavam-se conversando. Então o esposo foi vê-los, olhou-os com maldade e cinismo.

"Ninguém os procurou ou procurará! Estão mortos! Meu irmão, Elisa, sua esposa, chora sua morte. Há três dias seu barco virou no lago e seu corpo desapareceu. E você, Matilde, mandei avisar sua família que morreu do coração. Disse a todos que a achei morta e que, como era seu desejo, não queria que ninguém a visse morta. O caixão foi lacrado e com pedra dentro. Já está enterrada, querida. Nossa propriedade está enlutada com a morte de seus jovens senhores. Mas estou muito contente! Livrei-me de uma esposa chata e de um sócio. Ficarei com tudo que é seu. Como seu irmão, tomarei conta da doce Elisa e de seus filhos. Elisa é tão fraca, poderá morrer a qualquer momento e poderão dizer que foi até de tristeza. E seus filhos? Ora, crianças são frágeis e morrem à toa..."

Não adiantaram nada os rogos, aquele homem frio e mau os torturou como fazia com seus escravos fujões. Desencarnaram após muito sofrimento e ficaram a vagar com ódio pela casa. Viram, sem poder fazer nada, ele matar Elisa e os filhos. Algum tempo depois, Matilde e seu amado vieram para cá, foram ajudados e passaram a colaboradores; hoje ocupam uma posição importante. Gosto dela, não permito que falem dela e a julguem. Os dois se amam e souberam vingar.

— O senhor acha justo vingar? – perguntou Kim.

— Não acho, mas aceito. Ela me ajudou quando desencarnei, quando estava desesperado. Ela me trouxe para cá...

— Pelo visto não ajudou muito – disse o mocinho suspirando.

— Foi o que ela pôde fazer...

— Continue – pediu Kim.

— Continue o quê? Não sei por que estou dizendo isto a você. Que lhe interessa?

— Ela o chama de Maneco?

— Era chamado assim quando criança.

Frei Manoel suspirou, Kim orou. Por minutos ficaram quietos. O mocinho percebeu que o ex-frade não estava mais imobilizado, mas ele não saiu do lugar. Olhou para Kim e disse:

— Sinto-me melhor, falar me faz bem. Está calor, você não sente?

— É, está calor.

Kim sabia que a Zona Umbralina tem a temperatura da Terra, e seus habitantes, quase todos, são sensíveis a mutações climáticas. Ele não sentia calor, porque já aprendera a não sentir mais as sensações do corpo físico e o ex-frade não.

— Não tenha dó de mim, menino! Você deve estar pensando no que fiz para estar aqui. Não está curioso? Mas não vou falar. Volte e diga ao Xandinho que eu, seu amigo, morri, mas morri mesmo de corpo e alma.

Começou a chorar soluçando. Kim se pôs a orar novamente, deixou que ele chorasse, o que ele fez por minutos, até que se acalmou.

— Foi agradável revê-lo, Maneco. Dê abraços em Matilde. Diga a ela que hoje o senhor encontrou com um amigo. Que tal nos rever amanhã? Podemos marcar um encontro aqui, podemos falar do passado. O senhor sabe como desencarnei? Poderei lhe falar.

— Só para conversar? – perguntou Frei Manoel desconfiado.

— Nós não fizemos isto?

— Bem, talvez venha.

— Estarei aqui amanhã às doze horas. Venha, por favor, é tão bom conversar com o senhor!

— Faz tempo que não converso de modo agradável; para estes caras só falo besteiras.

— Talvez eles não tenham a mesma cultura.

— É verdade!

— Amanhã?

Frei Manoel não respondeu, levantou-se e saiu rápido. Mateus foi para perto de Kim e afirmou:

— Esteve bem, meu rapaz.

— Não sei como consegui.

Percebeu, então, que foi Mateus quem o ajudou. Sorriu para o amigo e agradeceu:

— Obrigado!

Voltaram para o Posto, novamente passaram perto do homem a quem Mateus deu água e este gritou:

— Meu vinho e já, servo inútil!

Mateus não respondeu, continuaram andando e logo chegaram. Kim sentiu-se aliviado dentro do Posto. Seu cicerone lhe disse bondosamente:

— Meu jovem, se quiser ajudar seu amigo, ore a seu favor. Daqui poderá mandar pensamentos bons a ele, de ânimo e esperança, ativando-lhe a vontade de ir ao seu encontro. Pensamentos são ondas que atravessam tudo.

Kim agradeceu seu companheiro e foi para seu quarto, um lugar que lhe fora reservado para aqueles dias. Ali orou com fé, queria muito que Frei Manoel fosse e que conseguisse convencê-lo.

Eram dez horas da manhã quando os dois saíram do Posto rumo à pequena gruta. Chegaram antes da hora marcada e lá estava o ex-frade esperando-os. Kim foi ao seu encontro com os braços abertos para um abraço, mas ele se afastou evitando; então, o mocinho sentou-se ao seu lado. Mateus, como no dia anterior, afastou-se alguns metros e ficou esperando.

— Como está seu avô Xandinho? – perguntou Frei Manoel.

— Está bem, desencarnou há pouco tempo. Está na Colônia e recupera...

Frei Manoel não o deixou terminar, tinha necessidade de desabafar e para ele ali estava alguém disposto a ouvi-lo.

Começou a falar, contar seu modo de viver ali no Umbral.

Embora a irmã gostasse dele, não compartilhava de suas idéias, achando-o careta e queria mudá-lo. A moradia dela com o amante era muito esquisita e tinham lá como prisioneiro o ex-marido, que era submetido a sessões de tortura insuportáveis de se ver. Não gostava das festas, entristecia com as cenas exóticas e eróticas e lhe era constrangedor o assédio das mulheres. Sentia nojo e também se sentia sujo. Chorou em muitas passagens e não se importou, quando Kim o abraçou.

— Venha comigo! – pediu o jovem.

— Não posso, sou covarde! É merecido o que sofro. Talvez teria que sofrer mais, tal como meu pobre cunhado, que é torturado e que nem parece mais um ser humano. Sou covarde! Incapaz até de sofrer!

Calou-se, ficou imóvel, com o olhar parado. Kim orou e viu o pensamento dele. As cenas eram as que ele acabara de narrar: a casa da irmã em tom vermelho, pessoas indo e vindo, e farrapos humanos sendo chicoteados e pisoteados.

— Vou embora – falou Frei Manoel, desolado.

— Volte amanhã, por favor –, pediu Kim.

— Volto, na mesma hora.

Levantou devagar, cumprimentou Mateus e desapareceu.

— Será que volta mesmo? – indagou Kim a Mateus. – Se ele não voltar, que irei fazer? Depois de amanhã terei que voltar à Colônia. E como deixar um amigo assim?

— Kim, todos que moram aqui, escravos, sofredores e algozes são, antes de amigos, nossos irmãos. O socorro existe e, para mudar a maneira de viver, basta querer com vontade. Não se entristeça e nem deixe a preocupação exceder. Confie! Faça novamente suas vibrações de carinho a favor dele. Se ele não vier, podemos chamá-lo mentalmente e ele se sentirá como atraído para cá. Como também poderemos procurá-lo. Mas se ele estiver na cidade Umbralina não iremos; você não teve permissão de ir até lá. Meu jovem, lembre-se de que nossa morada do futuro é a que construímos no presente e a do presente, a que fizemos no passado.

Kim compreendeu o amigo. O Umbral não era castigo do Pai Amoroso, era um lugar onde muitos necessitavam temporariamente ficar. Esperançoso caminhou de volta ao Posto.

Andaram um pedaço, quando Kim escutou um barulho estranho e parou. Mateus convidou-o com a mão a se aproximar do local de onde vinha o som. Eram pessoas conversando, uns falando de modo autoritário e outros gemendo e implorando.

Pararam a alguns metros do local e Kim observou interessado. Viu três homens vestidos de maneira estranha, pareciam ser roupas antigas de soldados: estes zombavam impiedosos; outros dois, em farrapos, estavam de joelhos implorando por misericórdia.

— Vocês, fujões malditos, vão arrepender! Conhecerão a fúria dos castigos e a prisão, para recordar com saudade dos bons tempos em que eram só escravos – disse um dos três a rir cinicamente.

Mateus aproximou-se e Kim também o fez, porém chegou bem perto do companheiro.

— Aonde vocês vão? – Mateus falou e sua voz ressoou como um trovão.

Os cinco olharam assustados para onde estavam, porém não os viram e um deles disse apressado, tentando levantar os dois que estavam ajoelhados.

— Vamos, levantem depressa, seus molengas!

— Deixe-os! – falou Mateus novamente.

Os três carrascos fugiram correndo e os outros dois, com medo, continuaram ajoelhados implorando.

— Por favor, deixe-nos! Por Deus!

— Acalmem-se!

A voz de Mateus mudou de tom, agora voltara a ser suave. Aproximou-se dos dois e, quando estes o viram, ele os tranqüilizou dizendo:

— Não temam mais! Bebam de nossa água.

Sequiosos, beberam e Mateus os ajudou a se levantarem.

— Avancemos rápidos!

Amparou um e Kim o outro, caminhando ligeiros para o Posto. Os dois andavam com dificuldades e, assim que chegaram, outros trabalhadores os levaram para a enfermaria que os abrigaria. O jovem estava curioso e Mateus gentilmente esclareceu:

— Viemos rápido, porque os três certamente foram em busca de ajuda.

— Estes dois eram escravos, mas coitados, como trabalhar se nem conseguiam parar de pé?

— Pelo medo maior. Mas conosco os dois relaxaram, sentiram-se apoiados. Eu os trouxe porque senti que queriam socorro. Infelizmente não podemos trazer todos que gostaríamos. Pelo bom andamento deste lugar de auxílio, devemos encaminhar para cá os que estão em condições de merecer abrigo.

— Eles estavam arrependidos? – indagou Kim, querendo aprender.

— Estavam cansados de sofrer e prontos a melhorarem.

— Coitados! – exclamou o mocinho.

— Você tem dó dos que ficaram ou destes dois que logo estarão bem?

— Acho que de todos eles. Mas estes dois estarão bem, a ponto de serem felizes?

Mateus sorriu com seu modo agradável e esclareceu:

— A felicidade para mim é ter a consciência em Paz. E estes terão Paz só porque foram socorridos? Acho que não. Nossos erros nos pertencem e nos acompanham até a compreensão maior, quando nos levam a uma reparação. A culpa é um peso muito grande. Todos nossos abrigados são tratados com muito carinho e encaminhados a um aprendizado, tendo muitas oportunidades para ter esta compreensão. E depende de cada um aproveitar ou não o que lhes é oferecido. Trabalho reparador é que não falta.

— Mateus, por que os três fugiram? Não poderiam nos enfrentar?

— Não nos viram, ouviram só minha voz, julgaram que eram muitos. Acostumados com a lei da força bruta, temem sempre quando se acham na inferioridade. Poderiam nos enfrentar,mas, se o fizessem, teria que adormecê-los por minutos.

— Se não conseguisse? – indagou Kim curioso.

— Meu jovem, para servir aqui se tem que aprender muitas coisas e eu não ia cair numa emboscada. Tenho pelo treino uma visão mais ampla destes vales. Mas, se por acaso necessitasse de auxílio, era só pensar no Posto e imediatamente uma equipe iria até nós. Não corremos perigo, nós, trabalhadores de Jesus. Limpemo-nos agora.

Kim se olhou e viu que se sujara ao carregar um dos socorridos. Olhou para Mateus, este fechou os olhos e em instantes estava limpo. O amigo convidou a fazer o mesmo.

— Faça também! Feche os olhos e imagine-se limpo.

Kim o fez, desejou ardentemente estar limpo e, surpreso, ficou.

— Pronto – disse Mateus sorrindo, agora está em forma. Mas, se quiser se banhar, fique à vontade.

— Mateus, estou lhe dando trabalho extra. Espero que não esteja perdendo tempo comigo.

— Não é perda de tempo tentar ajudar um irmão. E você é um amigo que acompanho com prazer.

Kim sorriu contente. Estava gostando demais do Posto da Luz e admirou muito o trabalho daqueles espíritos que ali serviam.

X

O Socorro

Kim resolveu orar, vibrar para Frei Manoel como fez no dia anterior. Resolveu ir ao Salão da Meditação.

Não é em todos os postos ou casas de abrigo que existe um lugar próprio para orar. Nosso modo de viver deve ser em oração e entendendo que Deus é onipresente, então, não precisamos de local próprio para estar em comunhão com nosso Criador. Mas a desencarnação não nos leva a dar saltos, assim, para que muitos recém-desencarnados não estranhem, há em muitos lugares de socorro locais, salões, onde muitos vão meditar e orar.

O Salão de Preces do Posto da Luz está localizado no meio do jardim. Simples, pequeno, as paredes laterais ornadas com quadros de Jesus ensinando e abençoando. Na frente, uma mesa retangular pequena com uma toalha branca e alguns bancos espalhados. Kim sentou-se num banco e se pôs a orar. Ao seu lado, um senhor de aspecto agradável também o fazia. Após minutos de silêncio, o senhor lhe dirigiu a palavra.

— Este lugar é bem bonito, você não acha? É um local digno de todas as religiões. Como você vê o local?

Kim estranhou a pergunta dele, porém o descreveu.

— Ora! Você o vê como é na realidade! Não trouxe enraizado nenhuma forma de orar. Que religião seguia, encarnado?

Era a primeira vez que o indagavam sobre este assunto. Kim não ouvira ninguém falar de religião. Na Colônia oravam em grupo, estudavam os Evangelhos, falavam da imensa bondade e justiça Divina. Agora, diante da pergunta dele, percebeu que não tinha rótulo, ou não se dava nomes que estava seguindo no Plano Espiritual. Era algo puro e verdadeiro. Respondeu ao indagador:

— Bem, dizia ser católico, mas não fui um seguidor fiel. Sempre orei, amei e amo muito a Deus. Aqui não me filiei a religião nenhuma e nem escutei nada sobre isto. É importante? Encontrei depois da morte do meu corpo tantas coisas diferentes do que aprendi...

— Creio que religião é importante para a maioria dos encarnados, porque são setas no caminho. Mas nos cabe dar os passos para caminhar rumo ao progresso. É bom conhecer os ensinos de Jesus, é uma orientação boa para seguir o Bem, porque a maioria das religiões nos ensinam a fazer o Bem e evitar o Mal, amar a Deus e o próximo. Religião é ligar ou religar o indivíduo a Deus. E existe algo mais forte para isto que o Amor? Aqui no Plano Espiritual aprendemos a colocar o Amor em primeiro lugar. São muitas as religiões existentes no nosso planeta Terra e longe estão de resolver os problemas humanos. Muitos dão mais importância aos atos externos e deixam o interno, mais importantes, por fazer. E o Amor que nos modifica é interno. Você veio orar?

— Sim, gosto de orar e o faço todos os dias – respondeu Kim.

— Procure amar também, meu jovem. Observe bem este salão, muitos o vêem diferente. É o único lugar do Posto onde o interno que aqui vem orar pode ver a seu gosto; poderão sentir como se estivessem numa sinagoga, numa igreja, num templo Batista, etc.

— Isto é muito lindo!

Kim entendeu que os orientadores do Posto queriam que todos seus abrigados tivessem o consolo da crença que possuíam, quando encarnados, até que entendessem, como ele agora o fazia. Deus é único e somos todos irmãos. Se Ele não nos separa pela nossa crença, quem somos nós para fazê-lo? Mandou vibrações de Amor ao Frei Manoel, desejou que ele quisesse sua ajuda e perdoasse a si mesmo. Depois ficou observando as pessoas que ali estavam. Umas ao chegar faziam genuflexões, outras ajoelhavam, outras ficavam de pé ou sentavam como ele. A vibração ali era muito agradável. Ficou muito tempo, quando saiu era noite. Ia para seu alojamento, quando viu Mateus sentado num banco. Aproximou-se contente e o amigo o recebeu sorrindo.

— Vim aqui meditar um pouquinho. Refaço minhas energias. Temos muitos abrigados e muito trabalho.

— Gosta muito do que faz, não é, Mateus?

— Sim, amo o Posto, amo meu trabalho! Tudo que fazemos com Amor é prazeroso.

Kim percebeu que os olhos do amigo brilharam irradiando amor.

"Isto é a oração que aquele senhor me falou" – pensou.

— Mateus, por que veio trabalhar aqui?

— Nem sempre fui como sou hoje. Você me admira, acha-me um herói, mas já fui um farrapo parecido com os que socorremos hoje e de quem você se apiedou. O importante é que mudei. Esforcei-me e quis passar de ajudado a ajudante, de servido a servidor. E, quando queremos, temos oportunidades. Quando desencarnei, por vibrar igual, vim ter nesta Zona do

Umbral, sofri muito até entender meus erros e me arrepender de tê-los feito, com sinceridade. Socorrido, quis reparar minhas faltas e aqui estou aprendendo a cada dia de trabalho. Kim, é muito importante entender e querer mudar. Não ficar preso ao passado, nem ao que fiz e nem ao que deixei de fazer. Como também não preocupar com o futuro, este é conseqüência do presente. Sendo assim, é o presente que importa. É o fazer, melhorar e, agora. Sou feliz por estar no presente aprendendo a amar e aproveitando as oportunidades de ser útil.

Despediu-se do amigo e foi para seu quarto. Teve sono por se achar cansado e dormiu tranqüilo. Ainda tinha alguns reflexos do seu corpo físico, mas sabia que logo não necessitaria mais dormir para descansar, porque aprenderia a não se cansar mais.

Esperou ansioso Mateus buscá-lo para ir ao encontro de Frei Manoel. No horário combinado, saíram do Posto e logo chegaram ao local de encontro. Kim não o viu, olhou para Mateus pedindo ajuda.

— Ali, Kim – disse seu cicerone. – Ali perto daquela pedra.

Kim foi para o local indicado e viu Frei Manoel todo machucado, com o rosto banhado de lágrimas. O homem falou rápido assim que o viu.

— Não quis vampirizar um encarnado. Não obedeci à ordem que me foi dada. Não me bateram mais e não fiquei preso, porque Matilde interferiu. Kim, não agüento mais! Não quero fazer mal! Já chega o que já fiz!

— Venha comigo, Frei Manoel! Por favor, deixe-me auxiliá-lo!

— Por que você se preocupa tanto comigo? Por que me ama?

— O senhor é meu irmão, amigo do meu avô – disse olhando-o com carinho!

— Por Deus, me ajudem!

Amparado pelos dois, chegaram ao Posto. Mateus cuidou dele e Kim o ajudou. Medicaram os ferimentos, ele se alimentou e quis colocar a vestimenta de frade.

— Agora o senhor está parecido com o amigo de vovô!

Riram da exclamação do mocinho. Frei Manoel o olhou agradecido.

— Agradeço-lhes! Obrigado, Kim! Obrigado, Mateus!

Mateus sorriu e saiu da sala deixando-os a sós, porque percebeu que eles queriam conversar, ou melhor, o ex-sacerdote queria falar. E, logo após ele ter saído, Frei Manoel começou a conversar.

— Não gostava do modo que vivia no Umbral. Não gosto de lá, mas era o modo de viver que merecia.

— Todos que pedem perdão com sinceridade obtêm a misericórdia de ser perdoado.

— Não vi nenhuma de minhas vítimas para rogar o perdão – disse Frei Manoel pensativo.

— Não será porque o perdoaram?

— Será? Até Tereza?

— Se quiser me contar tudo, escutarei com prazer e, se puder ajudar, o farei. Talvez se sinta aliviado. O segredo muitas vezes pesa.

Fizeram uma pausa, os dois mergulharam nos seus pensamentos. O ex-frade recordava e Kim pensou:

"Quem sou eu para ajudar? Será que fui imprudente em oferecer auxílio? Saberei? Mas quero aliviar as aflições dele. O instrutor Nestor está certo quando nos disse: 'Aquele que ama ajuda; aquele que ama e tem vontade ajuda mais; aquele que, além disto possui sabedoria, a ajuda é completa. Mas se lhe falta o último predicado, ajuda. Um pouco d'água também mata a sede. Aja com o coração!' É isto que farei. Gosto do velho amigo do meu avô, quero ajudá-lo com muita vontade. Mas não sei como proceder. Talvez só escutando ajudarei para que ele se perdoe, porque é muito triste não nos perdoar por algum erro. Sentir culpa e achar-se merecedor de castigo é muito dolorido."

— Você quer mesmo me escutar, Kim? – perguntou Frei Manoel, quebrando o silêncio. – Não o amolarei? Ninguém por lá quis me escutar.

— Quero, sim senhor. Sinceramente gostaria de ouvi-lo como amigo, como irmão.

— Sempre tive medo de você. Temia suas profecias, como dizia Xandinho, que você descobrisse meu segredo. Mas, se escondi das pessoas, não escondi de mim mesmo e a verdade sempre me perseguiu. Como rever Xandinho? Meu Deus! Piedade!

Nova pausa. Kim colocou a mão no seu ombro e sorriu encorajando-o.

"Somos irmãos", pensou o mocinho, "que importa ele ter feito isto ou aquilo; estou na frente de um necessitado que quero auxiliar e, com certeza, conseguirei."

— Conte-me o que o aflige. Comece pelo começo, é mais fácil.

— Como já lhe falei, a morte de minha irmã Matilde me chocou muito. Meu cunhado, depois de alguns meses, começou a nos perseguir. Aconselhado por todos, entrei para o convento e a Igreja fez com que parasse. Não tinha vocação, mas a vida sacerdotal me encantou, achei que poderia ser importante de alguma forma. Ordenei-me e fui ser pároco em uma cidade de porte médio. Nunca amara nenhuma mulher, até que vi Tereza. Ela era jovem, bonita, morena com grandes olhos verdes.

Aproximei-me dela, soube então que era órfã e tinha dois irmãos menores. Tereza na época estava com dezenove anos, Alexandre com quinze e Gabriel com onze anos. Alexandre trabalhava na lavoura como um adulto, era o nosso Xandinho, seu avô. A pretexto de ajudar os pobres, aproximei-me da família e passei a dar pequenos trabalhos de costura a Tereza. Descobri logo que ela não gostava muito de trabalhar. Ela e o irmão Gabriel saíam pelas ruas a ler sorte das pessoas; gostava de dançar e passear. Para minha agonia, apaixonei-me perdidamente por ela, não conseguia deixar de vê-la. Comecei a presenteá-la com o dinheiro da Igreja, que desviava, mas deveria ser usado para ajudar os pobres.

Para minha felicidade ou desgraça, Tereza correspondeu a minha paixão e nos tornamos amantes.

Tereza era leviana, consciente de sua beleza, tirava proveito de seus encantos. Eu sofria por ciúmes. Não podia imaginá-la nos braços de outro. Sentia que ela me enganava. Um dia...

Frei Manoel parou de falar, as lembranças eram dolorosas. Suspirou e continuou:

— Fui visitá-la uma noite, ela estava cheia dos meus ciúmes e me falou irada que queria se casar, ter marido e filhos; que eu não poderia lhe dar esta segurança e ainda assim queria controlá-la; que estava cansada e enojada de mim.

"Penso casar, senhor frei, disse, acertar minha vida e de meus irmãos. Dê o fora e não volte mais aqui."

Senti-me enlouquecido e trocamos ofensas. Não conseguiria viver sem ela. Num ataque de ódio e ciúmes a enforquei. Deixei-a caída, corri e fui para casa.

Não consegui dormir aquela noite. Logo pela manhã me deram a notícia que Tereza estava morta, fora assassinada e que seu irmão caçula estava aos gritos. Chamaram-me para ajudá-lo. Mas temia o irmão caçula de Tereza, o Gabriel, achava-o estranho, dizia saber o passado e o futuro das pessoas.

Tentei me acalmar, fui lá ver o menino. Aproveitando que ele chorava desesperado, tentei livrar-me de uma possível testemunha e, como se estivesse fazendo um ato de caridade, consegui com o bispo internar o menino num sanatório para doentes mentais. Deixei-o lá e nunca mais quis vê-lo. Soube mais tarde que Gabriel morrera, Alexandre partira da cidade e ninguém foi preso, ninguém. O crime ficara sem solução. Fiquei naquela cidade mais algum tempo, fui transferido muitas vezes. Depois disto, procurei ser um bom sacerdote, tentei, eu...

— Oh! Que desgraça! Que desgraça!

Kim gritou, colocando as mãos na cabeça, e tomou a aparência do menino de outrora. Frei Manoel o reconheceu.

— Gabriel!!!

Kim prestava atenção no relato do ex-frade. Quase sempre nos achamos diante de circunstâncias em que estamos, por alguma razão, envolvidos. Ao escutar, ele voltou ao passado, recordou. Envolveu-se tanto, que sua aparência perispiritual, que é mutável, modificou-se. Mais calmo, falou:

— Eu amava minha irmã. Tereza era tudo para mim. Quando nossos pais morreram, éramos todos pequenos. Ela não deixou que nos separássemos, cuidou de mim com carinho de mãe. Só ela me entendia e não achava que era louco. Dormia comigo, quando eu tinha sonhos com os monstros que me perseguiam, segurava minha mão me consolando. Defendia-me, não deixava que me xingassem. Eu predizia o futuro e o passado, não sabia por que fazia isto. Era só olhar para uma pessoas para saber. Resolvemos ganhar dinheiro com isto. Saíamos pela cidade dando consultas, como dizia ela, ganhando dinheiro. Mas não fazíamos mal a ninguém. Ela era alegre, transmitia alegria e eu me orgulhava dela, achava-a linda e gostava que a admirassem.

"Gabriel", dizia ela, "você vê o futuro das pessoas e não vê o nosso. Por quê?"

"Não sei", eu respondia, "não sei..."

"Não se preocupe, não vê, porque será lindo! Bobinho, é

assim mesmo. As pessoas que adivinham não conseguem ver seu próprio futuro."

Acreditava nela. Por muitas vezes, ela passou fome para nos alimentar. Quando descobriu que com sua beleza nossa vida podia se tornar mais fácil, passou a ter amantes. E eu só queria que ela fosse feliz e ela dizia ser.

Sabia de seus encontros. Quando ela ia receber alguém em nossa casa, eu tinha que dormir no outro quarto. Um dia escutei barulho, ela estava discutindo. Fiquei espiando pela porta. Quando vi um sacerdote sair, fui até ela. Tereza estava nervosa.

"Acabei tudo com este padreco ciumento. Imagine que ele quis me enforcar. Fingi que desmaiei. Se ele não me deixar em paz, irei falar com o bispo."

Bateram à porta. Era um senhor rico e importante, mas casado. Fazia algum tempo já que Tereza se encontrava com ele. Mas queria também acabar com aquela relação. É que ela estava gostando de um rapaz, um jovem muito bonito, um camponês, que queria casar com ela. Minha irmã fez um sinal para que eu saísse e fui para o outro quarto resmungando. Estava com sono e dormi logo.

Quando acordei de manhã, encontrei-a morta, foi enforcada. Senti tremenda dor, sofri tanto, muito mais que a morte de meus pais.

Kim sentou no chão e chorou, passava as mãos pelos cabelos. Sua expressão era de dor, soluçava e as lágrimas rolavam abundantes pelo rosto. Frei Manoel assustado não sabia o que fazer, ficou imóvel, olhando-o. Mateus entrou na sala logo que ele gritou, mas nada fez, esperou que o jovem desabafasse. Ele continuou a falar:

— Não me conformava, gritava, não queria que enterrassem aquele corpo lindo que tanto amava. Levaram-me para um hospital. Meu irmão Alexandre não queria, mas nada pôde fazer. Foi o bispo quem ordenou. Como também os vizinhos acharam que eu era realmente desequilibrado e que o bispo estava fazendo uma caridade, convenceram meu irmão que era o melhor para mim e que, internado, teria condições de sarar.

— Mas não estava louco e nem doente, era só diferente. Fiquei preso, por desobedecer, fui muitas vezes castigado, ninguém me entendia, temiam-me pelas minhas visões. Passei a ver pessoas que morreram. E Tereza não me abandonou. Ficou comigo me consolando. Mas ninguém acreditava em mim. Foi um alívio minha desencarnação.

O jovem deu um suspiro. Mateus aproximou-se e colocou as mãos sobre ele, que voltou a ter a aparência do neto de Xandinho, de Kim, que abriu os olhos e refugiou-se nos braços de Mateus. Este acalmou o jovem amigo e falou:

— Kim, você não soube me responder, quando indaguei por que se empenhava tanto nesta tarefa. Era porque tinha muito a ver com você.

Frei Manoel chorou, deitou-se no chão como fazem os padres penitentes.

— Oh, meu Deus! Queria tanto pedir perdão para minhas vítimas. Agora estou diante de uma. Perdão, Kim! Perdoe-me!

Kim olhou para Mateus implorando ajuda, mas ele ficou impassível. O menino entendeu que a decisão era sua; falou calmo, pegando a mão do ex-sacerdote.

— Levante-se! Eu o perdôo!

— Obrigado! – falou o ex-padre. – Como sofri. E foi um crime que nem cometi. Não matei Tereza! Meu Deus, não sou um criminoso! É justo isto? Sofri como um assassino!

— A intenção é tudo – disse Mateus elucidando. – Aquele que fica com a intenção – praticou o mal em seu coração. A ação é a conseqüência da intenção.

Frei Manoel não respondeu, abaixou a cabeça e entendeu que Mateus tinha razão. Embora ele não tivesse matado Tereza, ele errou e muito. Escondeu seu ato, prejudicou o garoto mandando-o para um sanatório, fez tudo para esconder sua ação vergonhosa. Errara muito.

— Não se martirize, amigo – aconselhou Mateus. – Reaja. Se queria tanto encontrar com uma de suas vítimas, como disse, Deus lhe concedeu esta oportunidade. Kim, como Gabriel, foi a meu ver a pessoa que você mais prejudicou, e ele o perdoou de coração e muito lhe quer bem. Agora, perdoe a si mesmo seguindo o exemplo dele. Virou-se para o jovem e propôs: – Venha, Kim, deve descansar um pouco agora.

O jovem se deixou levar. Mateus o acomodou no leito e este dormiu logo diante do sorriso carinhoso do seu guardião.

— Acorde, garoto! – disse Nestor, sorrindo. – Vamos partir logo. Devemos regressar à Colônia. Seu amigo o está esperando no Salão de Meditação. Vá até lá!

Kim acordou disposto, agradeceu a Nestor, ajeitou-se, arrumou o leito e foi ao encontro do amigo. Encontrou-o orando.

— Frei Manoel! – exclamou contente. – Que bom vê-lo bem!

— Kim, estou tão envergonhado! Você me perdoou mesmo? Fui tão mau...

— Quem não foi? Perdoei, sim, e há muito tempo. Antes de reencarnar já o havia feito. Estou pensando que devo ter sofrido por erros cometidos em existências passadas. Que será que fiz?

— O que interessa é que você agora é uma pessoa maravilhosa. Nunca vou esquecer que você veio atrás de mim.

— A verdade é que vim sem saber. Vim por vovô, ele quer revê-lo. Mas tive muita vontade de ajudá-lo. Agora entendo. O senhor queria ver uma de suas vítimas para pedir perdão e eu vim. E, lhe digo, se soubesse teria vindo do mesmo jeito. Vamos, partiremos logo.

— Kim, conversei com Mateus. Sentia-me muito indigno. Ele me fez entender que não posso ficar no remorso destrutivo; se errei, estou tendo oportunidade de reparar e devo aproveitar. Deus é bondoso demais. Vou com você. Preciso pedir perdão a Xandinho.

Kim despediu-se emocionado de Mateus, este lhe assegurou:

— Basta só um obrigado!

Reuniram-se para partir. Kim viu José feliz, abraçado a uma senhora que estava debilitada. Alegrou-se, ele também tivera êxito.

Fez questão, ao chegar à Colônia, de ser cicerone do antigo frade.

— Frei Manoel, o senhor quer mesmo que o chamemos assim, de frei?

— Bem, não sei...

— Está bem, vamos chamá-lo de frei até que resolva – observou o jovem sorrindo. – Aqui está nossa casa, ficará conosco até que o orientador da Colônia e o senhor decidam o que lhe será melhor.

— Tudo é tão lindo! Será que um dia poderei trazer para cá minha irmã Matilde?

— Matilde é uma ovelha extraviada. Tenho a certeza de que ela se cansará e irá querer mudar um dia. Vamos confiar. Com certeza o senhor terá oportunidades de ajudá-la. Aqui poderá aprender como ser útil, poderá ir até ela e convencê-la a mudar de vida.

— Será que serei capaz?

— Claro! Eu não fui? Bem, Mateus me ajudou. Mas

outros o ajudarão. Não só poderá ajudá-la como a outros companheiros de infortúnio.

Deixou o ex-frade acomodado e combinaram visitar o avô no outro dia. Frei Manoel esperou ansioso, queria ver o amigo. Kim avisou o avô da visita. Xandinho estava bem, o diretor do hospital esperava só por esta visita para autorizá-lo a ir com a filha para casa.

O encontro dos dois foi emocionante. Abraçaram-se contentes. Foram para o jardim e Kim afastou-se, deixando os dois sentados num banco.

— Por onde andou, Frei Manoel? Onde estava? Perguntei por você logo que cheguei. Queria revê-lo!

— É uma longa história... – suspirou o ex-sacerdote.

Kim, mesmo de longe, escutou a conversa como se estivesse perto. No começo repeliu, não deveria escutar, pensou. Mas depois entendeu que deveria ter algum motivo e prestou atenção. O avô disse, sem perceber a preocupação do amigo:

— Frei Manoel, queria muito revê-lo porque preciso lhe falar. É um segredo que lhe revelo. Não queria dizer quando estava encarnado, não tive vontade. Mas agora estou inquieto para contar. Escute-me! Não foi na nossa cidadezinha que o conheci, mas sim quando era bem jovem. Morava numa cidade maior e o senhor já era sacerdote. Eu residia com meus irmãos, Tereza e Gabriel; ninguém naquela época me chamava pelo meu apelido, mas só de Alexandre. Tinha dezessete anos, quando ocorreu uma desgraça. Tereza foi assassinada por um senhor rico e meu irmão foi internado num sanatório. Com medo desse senhor, resolvi partir dali, fui para nossa cidadezinha. Soube da morte do meu irmão e nunca mais voltei lá. Conheci minha esposa e ela me pôs o apelido de Xandinho. Tentei esquecer tanto sofrimento. Quando o vi, reconheci-o. Sempre soube que fora amante da minha infortunada irmã, como também sabia que ela era levada, fútil e bonita demais. E quando o senhor foi para nossa cidade, a juventude tinha passado e não quis prejudicá-lo. Achei que seu envolvimento com Tereza fora um erro do passado, por ser muito novo, e que tudo deveria ser esquecido.

Xandinho calou-se e os dois ficaram em silêncio por instantes. Depois Frei Manoel falou, ansioso:

— Xandinho, meu bom e fiel amigo, quero que me perdoe! Ansiava tanto lhe pedir perdão. Encarnado, não tive coragem. Achava que você não me reconheceu e temia perder sua amizade. Agora vou lhe contar tudo. Quero que saiba do meu grande pecado, a razão de ter estado desde que desencarnei num inferno. Porque, embora não seja eterno, não se perde nada daquilo que pregava, encarnado. Não se espante, amigo, escute-me e me perdoe. Eu...

Contou tudo. Xandinho disse sincero:

— Claro que perdôo! Nunca o julguei culpado, pois sempre soube que foi outro o assassino. Mesmo se fosse o senhor, perdoaria.

— Xandinho, gostaria que me chamasse de você e de Manoel. Somos amigos!

— Claro!

— Conte-me como desencarnou – pediu o ex-frade.

Os dois se puseram a conversar e Kim se pôs a pensar:

"Por que escuto até conversas ao longe? Por que me acontece isto? Como Gabriel via o passado e o futuro, nesta vida também tive muitas visões. Entendi bem o que o instrutor da escola me disse: só o futuro que está prestes a acontecer, e já engatilhado, se pode ver com certeza. No convento previ a visita dos frades superiores; foi porque eles já tinham decidido ir. Vi a decisão deles. Existindo algo já planejado, isto se pode ver, ler os planos dos outros, mas muita coisa pode ser mudada. Quero entender e tentar resolver estas minhas visões. Tudo isto deve estar no meu passado. Tantas coisas podem acontecer no presente, pelo que se fez, pelo que se passou. Não só em encarnações anteriores, mas na atual. Um bom exemplo disto foi o ocorrido com meu avô e Frei Manoel. Não querendo melindrar um ao outro, não falaram que se conheciam. Se Frei Manoel tivesse revelado, se tivesse enfrentado a situação, teria sabido há muito que não era um assassino. Ainda bem que os dois se entenderam. Eu também vou conseguir compreender o que se passa comigo. Não conseguimos fugir dos nossos erros, porque estes ficam em nós e dão seus frutos. Compreendendo tudo fica mais fácil. Vou logo que possível saber meu passado, recordar. Por ele já sofri muito. Trago-o tão forte dentro de mim, que nem duas vestimentas carnais me fizeram esquecer. Quero entender para conviver melhor, como também quero, se puder, fazer o bem, com conhecimento desta disfunção de que sou portador. Aguardarei, tudo tem o momento certo. Irei aos poucos levantando o véu do passado. E Tereza, onde estará minha irmãzinha querida? Onde está este espírito que amo tanto? – Veio à mente a figura de Isabela. – Meus Deus! Será Isabela a Tereza de outrora?"

Achando que era hora de levar Frei Manoel de volta a casa, foi para junto deles. Os dois amigos se despediram, estavam contentes. Kim acompanhou Frei Manoel a casa e foi para a escola. Olhou o céu.

"Como é lindo o firmamento, que azul encantador! Como é bom estar em paz com a gente mesmo!"

XI
O Filho de Onofre

Meses passaram. Manoel e Xandinho estudavam e trabalhavam juntos. Só que Xandinho ficou morando com a família e o ex-sacerdote foi residir com outros que, quando encarnados, pertenceram à sua congregação. Continuaram muito amigos.

Kim estava muito contente, quase acabando o curso. Tinha agora muitos conhecimentos do Plano Espiritual. Continuava a escutar conversas ao longe, a ver pessoas e saber o que pensavam, como também a ver os acontecimentos que tiveram no passado e seus planos para o futuro. Podemos planejar o futuro, mas realizar estes planos depende de muitas coisas, seqüências de acontecimentos, de outras pessoas, da colheita da plantação de cada um, ou da reação de nossas ações, etc. E mesmo planos podem ser mudados. Muitas vezes pensamos em fazer algo e, após refletir melhor, mudamos.

Naquele dia, Kim estava inquieto, pensando muito no seu irmão Onofre. Ao sair da aula, sua mãe o esperava.

— Kim, seu irmão Onofre precisa de nós. Já obtive permissão para irmos tentar ajudá-lo. Iremos agora. Quer ir conosco?

— Claro!

Kim acompanhou sua mãe. Reuniu-se a seu pai, seu avô, Manoel, e partiram em seguida. Sua mãe lhe pôs a par da situação.

— Alex, o filhinho de Onofre de três anos, está perdido. Seu irmão orou muito pedindo proteção, pediu ajuda a você. A oração dele foi ouvida e estamos indo para junto deles.

Chegaram. Kim olhou tudo com carinho. Sua antiga casa estava do mesmo modo. Não havia ninguém, todos estavam à procura do garotinho. Sua mãe parou, concentrou e depois falou delicadamente:

— Devemos ir até o menino. Quis achá-lo e vi onde ele está. Vamos para perto dele.

A casa de Onofre situava-se próxima à de Martinho. Ficavam as duas residências no sopé da montanha. Havia três caminhos: o da direita, que ia para a cidade, o da esquerda subia a montanha e, se seguisse reto, ia para um desfiladeiro, onde havia lugares com muitas pedras e vegetação escassa. Alguns trechos eram de difícil passagem, principalmente porque havia muitos deslizamentos.

E foi por este caminho que Alex se perdeu. Logo chegaram ao lado dele. O menino se encontrava numa cavidade, entre duas pedras grandes; caiu entre elas e ficou preso na fenda.

— Está com febre e ferido – disse Mariana. – Tem a perna direita quebrada, um corte profundo na cabeça e perdeu muito sangue.

O menino gemia. Mariana aproximou-se do neto com muito carinho, ele abriu os olhinhos com dificuldade. Estava sedento e com dores, mas a presença da avó o fez sentir-se melhor, protegido.

— Oremos! – propôs Mariana. – Vamos usar de nossas energias e as da Natureza para amenizar suas dores.

Fizeram um círculo e oraram. Mariana lhe deu um passe. O garotinho adormeceu.

— Ele está mal? – perguntou Sebastião.

— Está – respondeu Mariana. – Se não o acharem logo, ele desencarnará.

— Como achá-lo neste lugar? Será que alguém poderá pensar que esteja nestas pedras? Ele está muito oculto. Como veio parar aqui? – indagou Xandinho.

Kim viu. Alex ficou sozinho em casa. Rafaela, sua mãe, foi lavar roupas. Ele quis ir atrás do pai, saiu e foi andando pela trilha do meio, atrás de uma borboleta. Foi subindo fácil nas pedras, contornando as maiores. Ele era pequeno, mas esperto, e se distanciou de sua casa. Escorregou, caiu, rolou e ficou preso na fenda.

— Ficarei aqui com Sebastião – disse Mariana –, vocês três devem ir ao grupo que o procura e tentar intuí-los a procurar por aqui.

Já eram treze horas, Alex deveria ter caído às dez horas; foi quando Rafaela deu por sua falta e saiu a sua procura e, desde as onze e trinta minutos, a família toda o procurava.

O grupo foi aumentando. Kim, Manoel e Xandinho chegaram perto de todos os que procuravam, mas estava difícil intuí-los. Não é fácil receber uma orientação espiritual, quando preocupados e aflitos. Com muito esforço, conseguiram que alguns do grupo recebessem, mas não deram atenção.

"No desfiladeiro, não! Como pode ele ter ido para lá?"

"É muito pequeno para ter subido nas pedras!"

"Se estiver lá, estará morto. Não, não deve ter ido. Que pensamento bobo!"

— Nunca pensei que isto seria tão difícil – comentou Kim. – Ninguém nos atende. E logo irá escurecer. Se não o acharem durante o dia, a noite é que não farão.

— Vamos voltar – disse Xandinho. – Vamos para perto de Alex.

— Vão vocês. Vou tentar com Regina. Talvez ela me escute.

Foi à casa dos tios. Regina estava sozinha. Aproximou-se dela, a mocinha estava aflita, nervosa e profundamente triste. Tentou dar a idéia:

"Nas pedras, Regina! Alex está preso numa fenda."

Não conseguiu. A prima não estava bem, sentia-se inútil e revoltada com sua inutilidade. Queria ajudar e não podia, e no momento achava-se muito inquieta e aborrecida. Kim percebeu que ela estava com outros problemas. Apiedou-se dela.

"Regina, quando puder virei tentar ajudá-la! Que passa com você? Nunca se revoltou por ser cega! Não fique aflita!"

Regina foi acalmando e se pôs a chorar, falando sozinha.

"Não sirvo para nada! Coitadinho do Alex, deve estar sozinho e com medo. Se ao menos visse onde está, iria falar. Mas não vejo nada."

"Nas pedras, Regina! No desfiladeiro!" – falou Kim concentrado.

"Será que está nas pedras?" – continuou Regina falando sozinha. "Mas se ele foi lá deve estar morto! Quando papai chegar, falo com ele."

Logo os familiares chegaram, cansados, e Rose deu a notícia para Regina.

— Não o achamos. Procuramos por todo lado. Ninguém o viu ou sabe dele. Como escureceu paramos com a busca, amanhã retornaremos.

— Papai – disse Regina. – Alex não pode estar no desfiladeiro? Tive esta idéia.

— Como ele iria para lá? Não creio!

— Se ele estivesse num lugar fácil já teriam encontrado – opinou a mocinha cega.

— Isto é – falou Afonso. – Mas agora só amanhã. Quem andaria por lá à noite?

Kim entendeu, Afonso tinha razão. Mesmo conhecendo o lugar, era perigoso pelos deslizamentos que ocorriam por ali. Foi para perto dos outros, de Alex. O menino estava mal, a respiração era lenta e a febre altíssima, ele delirava sedento.

— Não consegui – lamentou Kim –, ninguém virá para estes lados. Pelo menos não agora, à noite. É muito perigoso!

Mariana estava abraçada ao garoto. Dois vultos se aproximaram. Eram socorristas. Entendera, vieram desligar o garoto.

— É chegada a hora – advertiu Mariana. – Alex está para desencarnar.

Afastaram, só ficaram Mariana e os dois que começaram seu trabalho. O coração físico de Alex parou e em poucos minutos estava desligado. Seu corpo perispiritual dormia. Mariana o abraçou com carinho e falou aos companheiros:

— Vou acompanhá-lo até a Colônia. Voltam conosco?

— Eu vou com você – disse Sebastião.

Xandinho olhou para os outros dois e disse:

— Gostaria de ficar mais um pouco.

Ficaram os três e saíram para rever pessoas e lugares que tanto amaram.

Primeiramente foram à igreja, porque Manoel ansiava por revê-la. Estava um pouco modificada, fora modernizada e isto o deixou triste. E chorou quando viu seu substituto, um frade orgulhoso e vaidoso que estava acompanhado espiritualmente por dois irmãos inferiores. Depois, meditou por instantes e falou:

— Não me cabe julgá-lo! Quem sou eu para fazê-lo? Fui pior que ele! Que Deus o ilumine! Vamos embora daqui!

Seguiram para casa de Afonso e Rose. Xandinho emocionou-se, viveu ali muito tempo. Kim aproximou-se de Isabela, achou-a muito linda. Era uma garota obediente e dava muito valor ao lar, aos pais, continuava muito amiga da irmã, era bondosa e alegre. Estava preocupada com o priminho. Mas acabou por senti-los. Ela não os viu, recordou deles com carinho. Seu espírito percebeu a presença deles e o cérebro físico lembrou.

— Mamãe – disse ela –, se Kim estivesse aqui, acharia Alex. Estou com muitas saudades dele, do vovô e até do Frei Manoel. Não gosto do novo frei. Sempre pensei que Frei Manoel iria celebrar meu casamento, isto é, se casar um dia. Como será que eles estão, mamãe? Será que sabem do desaparecimento de Alex?

— Não sei, filha, esta vida é tão complicada, tão sem explicações! Perguntei isto ao novo frei, ele me respondeu que talvez eles possam saber o que acontece conosco. Aí, eu me pus a pensar que, se no céu eles sabem o que se passa com os entes queridos, devem sofrer junto, então céu não é o paraíso sem problemas como se diz.

— Mamãe, não quero ir para o céu, se lá não tiver nada para fazer. É tão ruim ficar à toa. O trabalho glorifica o homem. É incoerente pregar um paraíso ocioso e a preguiça ser pecado. Pode-se concluir que o preguiçoso tem mais vez.

Rose pensou um pouco e depois disse:

— Meu pai conversava muito com Senhor João, o Espírita, e as idéias deste senhor são sensatas. Tenho pensado, Isabela, que Deus não nos separa por crença e há muitas coisas que outras religiões podem explicar. Acho muito mais justo aquilo que o Espiritismo ensina: que a vida continua sem saltos e que sempre trabalhamos, porque, como disse Jesus: "O Pai trabalha e eu também." Se nossos entes queridos sabem o que acontece conosco, talvez eles possam ajudar e nos confortar. Pensando assim me sinto protegida e confortada.

— Qualquer dia vou conversar com o Senhor João – acrescentou Isabela. Acho que com ele poderei entender muitas coisas que não compreendo.

Foram repousar, todos estavam cansados. Kim observou novamente Regina, estava quieta, triste, escutou a conversa da mãe com a irmã sem falar nada. Kim as beijou. Saíram e Manoel comentou emocionado:

— Sinto que Isabela foi Tereza. Ela gosta de mim, perdoou-me! Tereza não me guarda rancor e gosta de mim!

Foram à casa de Onofre, que estava muito abatido, triste, e repetia a cada instante:

— Se Kim estivesse aqui, o acharia! Coitado do meu irmão! Eu não gostava de suas adivinhações, tinha até medo. Ele me disse que um dia necessitaria de seus dons e que ele não estaria mais conosco. Era para eu não dizer que eram malditas. Agora entendo, nunca foram. Ele não fazia mal com seu dom e, se estivesse aqui conosco, acharia meu Alex.

Kim se emocionou, abraçou o irmão com carinho. Tentou lhe dar ânimo e conforto.

"Onofre, tenha calma! Alex agora está bem. Nada mais poderá fazer por ele. Coragem!"

Onofre sentiu-se melhor, virou-se para a esposa e disse:

— Vamos descansar, nada temos para fazer agora. Amanhã recomeçaremos a busca. Sinto que Alex está bem. Estará morto? Se estiver, minha mãe cuidará dele.

Os dois foram deitar e os três visitantes saíram. A noite estava escura. Kim sentiu vontade de voltar para perto de Isabela.

— Ainda não estamos preparados para ficar aqui – considerou Xandinho. – Sinto que você, meu neto, gostaria de ficar perto deles, de Isabela. E você, Manoel, da sua igreja e eu, do meu antigo lar. Mas, se ficarmos sem autorização e preparo, nós nos tornaremos obsessores. Tudo tem momento certo. Vamos voltar!

— Quando estiver preparado, pedirei para trabalhar na

igreja com o frade. Mas para isto terei de aprender muito – falou Manoel.

Mariana veio ter com eles.

— Deixei Alex acomodado no berçário do Educandário. Ele irá dormir por um bom tempo. Obtive permissão para ficar com Onofre nestes momentos difíceis. Quando Alex acordar, estarei perto dele.

— Mamãe, por que Alex desencarnou tão novinho? – perguntou Kim.

— Meu filho, todos nós temos que aprender com a oportunidade da reencarnação. Não devemos deixar de fazer a lição que nos compete, porque um dia teremos que apresentá-la e de preferência bem feita. Alex na encarnação anterior por motivo fútil, por um amor não correspondido, suicidou-se pulando de um precipício. Nesta aprenderá a amar a vida encarnada e dar valor ao período que se fica no corpo carnal. Quero que entenda que para muitas reações as ações não precisam ser iguais. Cada um tem o aprendizado que necessita.

— Você, Mariana, ama muito Alex. Já viveu com ele outras encarnações? – indagou Manoel.

— Não, e nem nesta. Quando desencarnei, ele ainda não havia encarnado. Estou aprendendo a amar todos. Se Deus quiser, chegará um dia que direi com alegria: Todos para mim são meus filhos, netos e irmãos.

Regressaram à Colônia em silêncio. Mariana dias depois deu a notícia:

— Acharam o corpo de Alex três dias depois, quando urubus voavam onde estava. Foi sepultado com muita tristeza. Onofre e Rafaela estão mais conformados. Poderei visitá-los sempre e tentarei confortá-los. Logo receberão Alex por filho novamente e desta vez terá uma longa existência encarnada.

Kim terminou contente seu curso. Já estava marcado um

outro estudo, em outra Colônia, para que aprendesse usar bem as disfunções das quais abusara no passado; por duas encarnações as teve sem controle, sem saber usá-las corretamente. Porém, para isto teria ele que recordar suas existências anteriores. Marcado dia e hora, lá foi ele um tanto temeroso e ansioso ao Departamento próprio levantar o véu do passado.

XII
Levantando o Véu do Passado

Kim achou o Departamento muito bonito, caminhou para o andar que atendia as pessoas que queriam recordar seu passado. Todos que vão lá pela primeira vez escutam palestras sobre o assunto. Isto para terem conhecimento do que pretendem fazer. Foi direto para um auditório que estava lotado. Sentou-se no lugar indicado e aguardou o início.

Colônias não são réplicas umas das outras. Existem nelas muitos processos usados com a mesma finalidade. Muitas Colônias têm usado este processo de informar primeiro, porque ultimamente são muitos os desencarnados que procuram recordar, saber seu passado. Por isto as palestras são muito importantes e instrutivas. Aqui vamos resumir o que Kim escutou.

Uma senhora de aspecto muito agradável iniciou sua palestra após orarem todos juntos.

— Nossos atos bons e maus nos pertencem, somos herdeiros do que fazemos. Sendo assim, deduzimos que no futuro seremos aquilo que construirmos no momento. Concluo que o presente é para nós o mais importante. É *agora* que podemos reparar erros do passado, anulá-los pelo Amor verdadeiro e pelo trabalho edificante. Não podemos mudar o passado, mas idealizar o futuro. Sempre se tem como mudar, melhorar, e devemos fazê-lo no momento, agora, já. Não importa se estamos desencarnados ou encarnados. Para que nos preocuparmos com o que passou, se não podemos mudá-lo? Não devemos ficar presos ao passado, seja ele de glórias ou fracassos. Basta – nos as dificuldades do presente. Sempre temos muito a que nos dedicar no momento. Desenvolveremos a inteligência solucionando os problemas que nos surgem. No futuro teremos dificuldades? Sim, poderemos tê-las, mas se aprendermos agora a solucionar as que temos, será cada vez mais fácil resolvê-las. E não devemos nos preocupar com o futuro. Basta – nos o dia a dia, como nos ensinou Jesus.

Citando alguns casos particulares, deu por encerrada sua palestra e um jovem iniciou a sua. Kim entendeu que a aparência no Plano Espiritual não tem importância. Aquele espírito de aparência jovem era um mestre, um estudioso, com muitos conhecimentos.

— Vocês aqui estão por um objetivo comum: recordar o passado. Motivos? São vários. Peço-lhes que reflitam antes deste acontecimento. O fruto maduro é próprio ao consumo, será útil. Alimentar-se de fruto verde pode se tornar indigesto. Assim é que recordar o passado, despreparado, pode nos ser prejudicial. Quando estamos preparados, as recordações costumam vir à tona mais facilmente se desencarnados, mas podem ocorrer no período encarnado. Recordar nossas vivências passadas, sem o devido preparo, pode nos causar dificuldades difíceis de superar. Muitos obsessores têm forçado suas vítimas encarnadas a recordar. E são muitos que se desequilibram, podendo ficar doentes. Criaturas mais fracas se chocam diante de erros cometidos. Curiosidade? São muitos os curiosos que esquecem que caminham, mas que por muitos motivos também podem ter ficado estacionados, ou muitos erros podem ter cometido. Aqui, desencarnados, tendo a comprovação de que a vida continua, muitos querem realmente se certificar de que viveram em outros corpos. E ainda há os que querem saber se foram importantes. Tudo passa, meus amigos, glórias, personagens, nossas existências, mas ficam em nós, espíritos eternos, as conseqüências dos nossos atos. Muitos dizem que a reencarnação deveria ser mencionada mais claramente nos Evangelhos. São muitos os ensinos de Jesus tão importantes quanto a reencarnação e aos quais ainda não se é dado o devido valor. A reencarnação é importante, porém o que não se faz agora, no momento, fica adiado e por fazer, sempre na próxima. O importante é aproveitar a oportunidade agora, neste momento, como se fosse a única. Não adiar mais. Temos na Bíblia muitos textos que nos falam da reencarnação, é só compreendê-los. Não devemos nos preocupar com o que fizemos, mas sim com o que fazemos. Não devemos ficar presos ao passado, nem ao remoto e nem ao recente. É no presente que construímos. Podemos atender todos que aqui estão, porém pensem bem. Não se chocarão diante de erros? Será que terão motivos para se orgulhar? E este orgulho é proveitoso? Terão a certeza de que não irão querer vingar-se de ninguém? Perdoarão todos? Até vocês mesmos? Vocês poderão se amargurar. Lembro-os de que tristezas não pagam dívidas. Deus é bondoso demais, dando-nos oportunidades de recomeçar com o esquecimento momentâneo. Nosso espírito tem registrado todas nossas existências, tudo está arquivado. É colocado um véu que nos impede de recordar. Mas as lembranças estão lá e só se deve levantar este véu com segurança, ciente de que isto não nos abalará.

Todos prestaram muita atenção e a palestra foi encerrada. Os ouvintes receberam um livreto com passagens bíblicas sobre reencarnação, como também muitos textos tirados dos livros de Allan Kardec. Foi pedido para que lessem, meditassem e, se ainda continuassem com vontade de recordar, que marcassem uma entrevista; aí ia ser estudado cada caso particularmente. Se a equipe do Departamento achasse que seria útil ao pedinte, então, teria ajuda para recordar o passado.

Dois senhores que estavam ao lado de Kim comentaram:

— Pensei que bastava desencarnar para recordar todas minhas existências.

— Estou refletindo, não quero mais recordar – ponderou o outro. – Já me basta esta última encarnação. São muitas recordações dolorosas. Escutando isto, tenho a certeza de que estou só adiando minha reforma íntima. Certamente só irei me chatear com mais lembranças. Desisto, não me acho preparado. Se vier a saber que assassinei alguém, eu me entristecerei tanto, que, se não fosse desencarnado, diria que morreria de tristeza.

— Você tem razão – comentou um outro senhor. – Vou ler este livro e pensar melhor. Se nem nesta última encarnação tive motivos para me alegrar, errei tanto, imagine o que posso ter feito nas outras. Acho também que devo esperar amadurecer.

Voltou somente uma pequena porcentagem dos que estavam ali. Muitos resolveram esperar mais tempo, retornariam quando se sentissem mais seguros; a maioria, naquele período desencarnado, porque, conforme iam estudando, aprendendo, trabalhando, o véu ia levantando e espontaneamente as recordações vinham. Outros voltaram ao Departamento, porém achavam-se confusos. A equipe de orientadores estudou caso por caso. Alguns foram encaminhados para recordar, outros, a tratamentos para ajudá-los a resolverem seus conflitos.

Kim ficou dias estudando o livreto e voltou. Respondeu um questionário e foi marcado dia e hora para o retorno. E ele, resoluto, lá estava no horário marcado. Foi atendido por Maciel, um senhor muito simpático.

— Muito bem, então você, Joaquim, quer recordar seu passado?

— Já recordei muitos fatos. Quero lembrá-los para aprender a conviver com suas conseqüências. Erros não me assustam, porque quase sempre o passado é de erros...

— Todos nós cometemos erros, recente ou remotamente – disse Maciel. – Muitas fobias são heranças do passado. Aqueles que se sentem quites com seus desacertos os vêem sem tristezas, sem se perturbar. É como enxergar as artimanhas da infância e compreender que o amor nos transforma!

— Você, Maciel – perguntou Kim –, gosta do que faz? Já recordou seu passado?

— Já lembrei de minhas existências. Amo muito meu trabalho. Na minha última encarnação fui médico e me interessei pelos problemas das pessoas. Acreditava que algo a mais as atingia. Este algo a mais era devido a outras existências. Quis provar, não consegui. Desencarnei, dediquei anos à Medicina, agora trabalho neste departamento onde aprendo muito pesquisando. Planejo reencarnar e me dedicar a este assunto: provar pela Ciência a reencarnação. Venha comigo, garoto!

Kim acompanhou-o até uma sala com escassa luminosidade. Maciel convidou-o a sentar e ele acomodou-se.

— Kim – disse Maciel –, tudo que aprendemos nos pertence. E infelizmente ao termos conhecimentos errados, ou se os usamos para prejudicar, estes podem nos marcar profundamente. É muita responsabilidade usar para o Mal o que poderia fazer o Bem. Conhecimentos considerados incomuns podem nos causar dificuldades, se não forem equilibrados ou usados sem controle. Isto ocorreu com você. Aprendeu, usou este conhecimento indevidamente e não teve controle sobre eles. Mas está aqui para aprender a controlá-los.

Kim relaxou, sentiu-se confortável, Maciel calou-se. Foi

como se revivesse novamente. As lembranças vieram tão nítidas, que foi como se tudo estivesse acontecendo naquele exato momento.

São usados muitos métodos para recordar. Normalmente diferem muito, porque cada recordador é um caso, e especial. Maciel agiu assim com Kim, que esperava só uma entrevista, e o fez quase recordar sozinho, só deu uma pequena ajuda. Estava auxiliando para que ele entendesse e trabalhasse no presente de maneira certa com os conhecimentos dos quais abusara.

O véu levantou-se e Kim recordou.

Muitas encarnações passaram sem, entretanto, prender sua atenção. Foram lembranças de existências comuns, de dificuldades, alegrias, erros e acertos, sem nada especial. Encarnou em lugares diferentes, em muitos países. Então veio a lembrança do tempo em que tiveram início seus problemas atuais.

Morava numa cidade movimentada pelo comércio. De um lado da metrópole havia uma cadeia de montanhas, de outro um vale. Era um local bonito e habitado por muitos magos, feiticeiros, pessoas de conhecimentos além do normal e que usavam uns para o Mal, outros para o Bem. Na cidade moravam alguns feiticeiros que viviam de ler sorte, fazer sortilégios e filtros.

Nasceu e cresceu ali. Filho de comerciantes, aprendeu a lidar com cerâmicas e vivia bem financeiramente. Era voluntarioso e inquieto. Apaixonou-se, rapazinho, por Isabela. [(1)]

Casaram e viviam bem. Três anos passaram e tiveram um filhinho. Morava perto deles um feiticeiro chamado Jof, apelidado de Mago, que desejou Isabela e a quis para si. Ela o recusou, era honesta, atenciosa, e ele tratou de vingar.

Jof planejou um encontro com Kim, como se fosse casu-

---

(1) Para melhor compreensão, chamaremos nossos personagens em todas suas encarnações de Kim, como também sua companheira, de Isabela. (N.A.E.)

al. Conversaram e o mago ofereceu para ler sua sorte. Disse-lhe com firmeza:

— Você está sendo traído. Quer prova? Achará no baú uma roupa do amante e na caixa de jóias uma pulseira que ela ganhou de presente.

Quando o mago se encontrou com Kim, um empregado fiel dele correu, entrou no lar de Isabela e colocou tanto a peça de roupa como a jóia, no local indicado.

Kim ao escutar os dizeres do mago procurou manter a calma, despediu-se e foi apressado para casa. Ele sabia da fama daquele homem que se dizia mago. Todos sabiam que ele era conquistador, vingativo, e também que usava a difamação para destruir suas vítimas. Mesmo assim ficou louco de ciúmes. Chegou em casa aos gritos, assustando o filho, que começou a chorar. Isabela pegou a criança, afagando-a. Kim remexeu no quarto e encontrou a roupa e a jóia. Impulsivo, num puxão, tirou o filho do colo da esposa e com um punhal a matou.

Kim suou ao recordar este pedaço. Lágrimas escorreram-lhe pelo rosto. Sentiu como se vivesse as cenas novamente.

Foi julgado inocente pelo chefe da cidade. Seu filho foi entregue aos avós maternos. Diante das provas da roupa e da jóia, foi sua esposa Isabela considerada infiel, embora ninguém soubesse do seu suposto amante.

Kim, então, tardiamente compreendeu o jogo sujo do mago. Revoltou-se. Amava a esposa e a matou deixando seu filho órfão. Chorou desesperado. Em vez de entender que foi imprudente e que agiu de modo errado, culpou o mago, porque sempre é mais fácil culpar os outros pelos nossos erros. O mago agiu mal, mas Kim deveria ter com calma investigado; mesmo que comprovasse a infidelidade da esposa, não lhe cabia julgá-la e muito menos matá-la. Com muito ódio, resolveu vingar. Porém era uma tarefa difícil, Jof era poderoso nas suas feitiçarias. Então, resolveu aprender, ser também um feiticeiro e depois enfrentá-lo.

Nas montanhas, vivia um grupo de estudiosos, pessoas boas que faziam a caridade, conhecedores de muitos modos de fazer o Bem, anular as maldades que muitos imprudentemente faziam pela região. Eram chamados de magos brancos. Costumavam meditar, orar e ensinar a quem os procurasse o caminho da Paz. Dificilmente desciam das montanhas.

Kim despediu-se dos pais e partiu esperançoso para lá. Decepcionou-se quando os viu. Moravam os magos numa gruta, viviam modestamente de seus trabalhos. Plantavam cereais e hortaliças, como também teciam suas vestes.

— Peço-lhes permissão para ficar com vocês. Quero aprender magia – pediu a um deles.

Teve permissão e passou a viver como eles. Ouviu muito falarem de perdão e do agir corretamente. Mas isto não lhe interessava. Cansou, e após um tempo foi conversar com um deles.

— Quero ser mago e não estou aprendendo.

— Meu jovem, você está aqui conosco com idéias de vingança, ódio no coração. Nosso objetivo sempre foi fazer o Bem, nunca o Mal.

— Estou em lugar errado, então. – Sempre ouvi dizer que os senhores eram mais fortes que os magos negros do vale. Por isso resolvi vir até vocês, que eram os melhores. Enganei-me...

— Aprenda, Kim, a perdoar. Nós não queremos comparar forças e nem almejar ser mais fortes. Nossa força está no perdão, na compreensão, no desejo de ser útil, em ajudar. Você foi o mais culpado na tragédia que o envolveu. Ninguém o obrigou a acreditar. Poderia ter analisado, escutado sua esposa, que era inocente. Depois, mesmo que fosse verdade, nada justificaria um assassinato. Não continue errando, querendo vingar. Perdoe! Vá criar seu filho, seus sogros estão velhos e são pobres.

Contrariado, voltou à cidade. Isabela também revoltou-se ao desencarnar. Não perdoou o esposo por ter matado seu corpo jovem e bonito. Ficou perto do filho e, quando viu Kim voltando da montanha, sentiu ódio; ficou perto dele querendo vingar, gritando toda sua raiva.

Kim em vez de procurar o filho e ajudar os sogros resolveu ficar longe deles. Aumentou seu desejo de vingança, quando viu o mago rico, orgulhoso, passeando pela cidade. Esqueceu as lições ouvidas na montanha. Pensou com ódio que, se os bons não haviam ajudado, os maus certamente o fariam. Resolveu procurar os malignos do vale, como eram chamados os magos e feiticeiros que viviam ali.

Kim partiu sem sequer ver o filho. Isabela ao ver que ele se dirigia ao vale voltou temerosa, ainda ficou a vagar por ali. Tempo depois, cansada de sofrer, chamou por socorro, perdoou e foi socorrida.

O caminho para o vale era fácil, mas feio, e piorava quanto mais próximo do agrupamento de casas onde moravam os magos e seus aprendizes. Fluidos pesados destroem ou empobrecem até a natureza. O lugar tinha muitas pedras e neblina, e o ar pareceu-lhe pesado. Continuou resoluto, seu desejo de vingar era maior que qualquer coisa ou sentimento.

Kim estranhou, esperava encontrar um lugar desorganizado e de grandes orgias. Mas não, ali era organizado e orgias só em dias de festas. No vale se estudava e trabalhava. Foi barrado na entrada, onde teve que contar o motivo de sua ida. Um dos moradores o atendeu. Kim observou tudo com atenção. As casas eram uma ao lado da outra, havia em suas portas símbolos que eram de cores vivas e fortes. Tudo era muito enfeitado, como se quisessem pela aparência mostrar que lá viviam pessoas alegres. Era tudo de muito mau gosto.

Vamos fazer uma parada na narrativa para uma explicação.

Kim viveu neste período num lugar exótico e místico. Magia é a arte de alterar as seqüências das leis naturais, manipular as forças da natureza. Magos são independentes, trabalham por si mesmos, são estudiosos e prezam seus conhecimentos. E estes conhecimentos podem ser usados para prejudicar. Por isto, são chamados de magos brancos – os bons – e de magos negros – os maus. Feiticeiro é outra coisa. Diferem, porque têm menos conhecimentos, e se aliam a outras entidades, normalmente desencarnadas; são dependentes de outros e quase sempre fazem o mal. Houve tempo em que todos que tinham acesso ao sobrenatural, ao intercâmbio com o mundo espiritual, seja com os desencarnados bons ou maus, eram taxados de magos ou feiticeiros. Onde Kim viveu havia poucos magos, mais feiticeiros e aprendizes.

O homem que o atendeu ouviu sua história e depois lhe disse:

— Você veio ao lugar certo. Gostamos de ensinar a vingar. Vingança é arte difícil, porque sempre fere quem vinga. Por isto precisa primeiro aprender a não amolecer com estes ferimentos e ter a paciência de esperar o momento certo. Você quer mesmo aprender?

— Sim. Quero para voltar à cidade e me vingar. Odeio-o. Mas ele é forte, porque sabe feitiçaria.

— Ele é filiado a nós, chamam-no de Mago indevidamente. É um aprendiz, um feiticeiro. Não intrometemos em brigas particulares a não ser que nos prejudique. Faça como quiser. Só que temos nosso preço. Terá que trabalhar para nós e, quando sair daqui, pagar uma contribuição. Aceita?

— Sim.

Foi conduzido ao seu alojamento. Ficou dias conhecendo tudo ali. Percebeu que os magos mesmo eram três e viviam mais isolados, meditando, estudando, e que ali naquelas casas e nos alojamentos só havia pretensos aprendizes.

Começou a trabalhar, plantava ervas, limpava casas; também passou a ler livros de feitiçarias e a fazer filtros, preparar venenos e remédios. Participava de rituais e aprendeu a invocar espíritos, prendê-los e soltá-los para fazer tarefas.

Vamos novamente dar uma pausa para explicar. Macumbeiros, feiticeiros, encarnados, que trabalham para o mal, normalmente têm escravos, imprudentes desencarnados para trabalharem para eles. Estes imprudentes, quando encarnados, usaram de seus favores ou também aprisionaram desencarnados, e têm o retorno. São escravos também, porque de algum modo prejudicavam outros. Estes, desencarnados, normalmente sofrem e são obrigados a obedecer. Porém, se arrependidos com sinceridade, clamarem por ajuda, são auxiliados. Estes fatos narrados haviam acontecido há muito tempo, porém este processo é usado até hoje, e infelizmente são muitos os que agem como os feiticeiros desta história verídica. Aqueles que escravizam muitas vezes têm que passar a serem escravizados, para aprender.

O vale era visitado por muitas pessoas da cidade, da região e até mesmo de longe; iam em busca de favores que eram pagos muito caro.

Dois anos passaram e Kim achou que havia aprendido muito pouco. Foi então servir como secretário do feiticeiro mais importante do alojamento, Max, e tornaram-se grandes amigos. Anos depois, cansado de ser só empregado e achando que já tinha alguns conhecimentos, despediu-se do vale e voltou à sua cidade.

Ainda não sabia se podia com o mago Jof, por isso resolveu deixar para enfrentá-lo depois. Alugou uma casa nos arredores da cidade entre as meretrizes e ali se estabeleceu. Passou a ler sorte, a fazer filtros e poções mais baratas; fazia com dedicação. Logo ficou famoso. Nunca havia ganhado tanto dinheiro. Ambicioso, passou a querer mais, comprou uma casa, mobiliou-a com luxo, contratou um empregado e passou a se vestir luxuosamente. O dízimo para o vale era alto, todo mês tinha que mandar dinheiro para eles. Soube dos parentes, do filho; este trabalhava e sustentava os avós, viviam pobremente. Não os procurou e nem os ajudou.

Mas, quando se faz o mal, normalmente se tece armadilha para si mesmo. Seu filho suicidou. Ao saber da notícia ele se abalou. Soube que foi por um amor não correspondido e que a moça por quem se apaixonou dera para seu filho uma poção, um filtro que ele mesmo fizera. Ao ser desprezado se matou. Ele fez o feitiço para uma pessoa amá-la, fez sem saber para quem ela daria.

Achamos que devemos fazer uma outra pausa para elucidar. Filtros, poções, termos muito usados nas feitiçarias antigamente e atualmente em muitos lugares. Há muitos nomes para determinados feitiços. Normalmente filtros e poções são usados para que uma pessoa fique presa por sentimentos confusos a outra. Paixão carnal é o termo mais exato, nunca o amor. Amor é afinidade, carinho. Muitos me têm perguntado: Feitiços pegam? Têm efeito? Respondo: Depende. Sim, depende da pessoa, de sua vibração. Aquele que vibra bem, que é protegido por orações, que ora com fé, que é protegido fazendo boas ações não tem sintonia para ser afetado por forças do mal. Porém, se vibrar baixo, isto é, se estiver na mesma sintonia, o mal pode afetar em proporções. Mas há os que fazem o mal e os que fazem o bem. Muitos feitiços levam muitos dos enfeitiçados a procurarem os bons, fazendo-os conhecer este processo e aprender muitas coisas no bem. E são muitas, mas muitas mesmo, as formas de se fazer estes feitiços que são denominados de diferentes maneiras. A imprudência é a mesma. E ninguém faz ou usa deste processo impunemente. Sempre o pagamento é mais caro do que se imagina. Não só em termos financeiros, mas no vínculo que se faz.

A morte do filho o deixou muito revoltado. Insensato, em vez de reconhecer sua culpa, achou mais fácil culpar os outros. Reacendeu o ódio pelo Mago. Ele era culpado, foi ele que o fez matar a esposa inocente e separá-lo do filho. Resolveu vingar, aquele deveria ser o momento, pensou. Parou de atender seus clientes para se dedicar ao estudo. O Mago Jof esqueceu de Kim, até que este foi morar na cidade e tomou a maioria de seus clientes; então, passou a odiá-lo.

Kim para pagar o vale, foi vendendo tudo que havia adquirido. Vendo que não podia continuar assim, resolveu enfrentar logo Jof. Não podia negar pagamento ao vale. As ameaças dos magos eram terríveis. Escutou temeroso os emissários de lá e sabia que eles eram capazes de coisas que produzem resultados funestos.

— Você está sendo ingrato! Tudo que tem deve ao vale. É melhor pagar em dia, senão podemos fazê-lo escravo ou transformá-lo em bicho, e servirá como guarda.

Sabia que o mal cobra a preço alto aqueles que não se submetem ao pagamento estipulado.

Jof era um feiticeiro treinado, conhecia muito as artes das maldades. Kim o enfrentou, brigaram, mandando feitiço um ao outro. Kim vendo que ia perder, que não ia resistir, foi à casa do Mago para matá-lo, foi rendido e assassinado.

Ficou muito perturbado, suas más ações não lhe saíam da mente, foi atraído para o vale onde foi ajudado. Depois, consciente de seu estado, passou a trabalhar para eles.

Max, ainda encarnado, chamou-o para trabalhar com ele. Kim, então, sentiu-se melhor. Odiando o Mago, não desistiu da vingança, mas sabia que tinha muito que aprender e o fez. Estudou muito, principalmente para ler os planos dos outros, para descobrir o que as pessoas pensavam em fazer e para achar objetos e pessoas. Pensou que ao encarnar poderia achar Jof também reencarnado e se vingar. Max o ajudou, ele fez para Kim um grande feitiço, em rituais com vítimas, para que ele fixasse na mente perispiritual estes conhecimentos. Isto o marcou muito, foram cenas repugnantes e violentas. Max desencarnou, continuaram amigos e no vale. Então, surgiu uma oportunidade.

— Kim – disse Max –, Gurt, um de nossos feiticeiros, quer um filho. Sua esposa deve conceber logo. Encarne! Isabela e seu filho já estão encarnados na cidade, você poderá encontrar com eles e se reconciliar. Vocês se amam. Casará com ela e eu serei filho de vocês.

— Mas se não der certo, se Isabela não me quiser?

— Aqui estarei para ajudá-lo. Você, como filho de Gurt, crescerá entre as magias, nada lhe será oculto, então vingará de Jof facilmente.

Novamente vamos fazer um intervalo na narrativa de Kim. Não são todas as reencarnações programadas pelos espíritos bons. Abrigados e moradores das Colônias e Postos de Socorro podem dispor deste auxílio. Desencarnados que vagam, ou trevosos, podem ter muitas vezes a reencarnação programada pelos orientadores bons. Porém, muitos desencarnados que vagam e trevosos podem ser atraídos para afins, ou, como na nossa história, eles mesmos programarem.

Assim aconteceu. Kim reencarnou como filho de Gurt, um feiticeiro do vale. Achou que era uma ótima oportunidade para se vingar de Jof, porque teria o pai como aliado e Max como filho.

Cresceu forte ali, entre magia, aprendia fácil, deixando seu pai contente.

No vale houve modificações. Os três magos resolveram partir e só ficaram os feiticeiros ambiciosos, que deixaram de estudar, para se dedicarem a enriquecer.

Kim ajudado por Max, desencarnado, recordou sua vida

anterior e o ódio voltou forte. Preparou-se para vingar de Jof. Soube que havia reencarnado na cidade, que era novamente feiticeiro competente e estudioso. Era rico e não dependia mais do vale.

Kim dedicou-se, e muito, ao estudo, a ler o astral das pessoas, o passado e os planos para o futuro. Tornou-se logo mestre neste assunto.

Casou-se com Isabela, ficaram morando no vale e seu primeiro filho foi Max, como combinaram.

O lugar já não era o mesmo: poucos trabalhavam, dinheiro fácil, havia muitas orgias e bebiam muito. Isabela gostava daquela vida ali. Era vaidosa e ociosa, tinha medo de Kim, embora não tivesse motivo. Sentia vontade de traí-lo, mas não o fazia por medo. Pensava muito, sem entender: "Fui honesta e ele não me deu valor". Ela não sabia do passado e Kim nunca lhe contou nada.

Kim previu desagradáveis acontecimentos, mas ninguém no vale quis ouvi-lo; nenhum deles estava disposto a largar a boa vida para se dedicar ao estudo e se organizar.

O Mago Jof sabia que Kim ia vingar. Resolveu enfrentá-lo antes que se preparasse. Unido a outros feiticeiros, invadiram o vale e derrotaram seus habitantes. Foram mortos todos os chefes. Kim desencarnou sob torturas e depois ficou servindo aos encarnados como escravo. Isabela também desencarnou e ficou a vagar por ali.

As crianças foram poupadas e aqueles que tinham aptidão para magia foram estudar. Jof adotou Max por filho. Kim o odiou, depois conformou e o remorso começou a machucá-lo. Passou a conversar com Isabela e juntos reconheceram seus erros. Sofreram muito, durante anos.

Kim se lembrou dos magos bons da montanha. Um dia conseguiram fugir, caminharam muito e chegaram à montanha, onde pediram abrigo aos desencarnados bons que lá trabalhavam.

Receberam ajuda, orientação, viveram lá algum tempo e pediram para reencarnar. Os bons prudentemente os levaram para longe dali, para um recomeço. Foram, então, Tereza e Gabriel.

As lembranças acabaram. Kim abriu os olhos e viu Maciel a olhá-lo. Chorou alguns instantes. Depois suspirou.

— Maciel, agora o véu se desfez, o passado não tem segredo para mim. Fui mau, errei muito...

— Mas o passado se foi e não deve incomodá-lo mais. Resgatou pelo sofrimento, como Gabriel, e como Kim sofreu, mas também fez muitas ações boas.

— Não, o passado não me incomodará mais. Quero agora me dedicar a fazer o Bem com meus conhecimentos.

— Concordo com você, só que para isto terá que aprender novamente.

— Farei com amor. Muitos dos meus colegas já escolheram uma atividade, o trabalho que farão após o estudo. Gostaria de vir trabalhar com você. Se me quiser, logo que terminar este curso que irei fazer, virei ajudá-lo.

— Combinado, Kim – respondeu Maciel sorrindo –, será meu companheiro de trabalho. Aprenderemos muito juntos.

— Maciel, por que só como Gabriel e nesta última vida lembrei do meu aprendizado em ler o astral?

— Você usou muito de sua energia para isto. Foi um acontecimento muito forte o feitiço que você e Max fizeram para que tivesse lembrança disto. A violência deste ato o marcou. Não propriamente pelo feitiço, mas pelo ocorrido. E houve o desequilíbrio, no véu de proteção da memória, que o fez recordar nestas suas duas últimas encarnações.

— Maciel, poderei ter estas lembranças no futuro?

— Você agora estudando e, compreendendo, não tem por que temer. Usando destes conhecimentos para fazer o Bem, você poderá escolher, se quer tê-las ou não, na próxima encarnação. E, se as tiver, garanto que não mais será prejudicado, porque as terá dominado.

— E Isabela? Agora somos amigos, não é? – perguntou o mocinho.

— Claro! Você tirou a vida física de Isabela no passado; nesta encarnação, desencarnou para salvá-la. Aprendeu a amá-la sem egoísmo, aprenderá a todos amar.

— E meu filho? E Max? Os outros?

— Pedi aos moradores da montanha notícias para você. Seu filho, o que suicidou, está encarnado e relativamente bem; está dando valor à vida no corpo físico. Vive naquela mesma cidade. Max tornou-se um grande feiticeiro como queria, já está velho e cansado. Jof desencarnou e foi preso por outro feiticeiro mais forte: serve de escravo no momento. Creio, Kim, que você poderá ajudá-los um dia. O vale mudou muito, lá agora é morada de poucos feiticeiros.

— Obrigado, Maciel, muito obrigado – disse Kim com sinceridade, e, depois, olhando-o bem perguntou: – Por que você não tira esta pinta do rosto? Ela não lhe faz lembrar que foi sua mãe quem matou seu corpo físico?

Maciel riu, Kim percebeu que foi inconveniente e desculpou-se.

Maciel explicou:

— A pinta no meu rosto poderia ser uma recordação ruim, se não tivesse perdoado.

— Matar o filho pelo amante. Coitada! – exclamou o mocinho.

— Realmente é de apiedar. Preocupo-me com ela. Desencarnou e vaga sem sofrimento. Tenho ido visitá-la e tenho esperança de logo socorrê-la. Nasci com uma pinta igual a dela. Isto era motivo de orgulho para ambos. Meu pai desencarnou e deixou toda a fortuna para mim. Minha mãe, jovem ainda e muito bonita, arrumou um amante que fingiu amá-la, porém queria o meu dinheiro. Filho único e não tendo filhos, com minha morte ela herdaria a fortuna. Os dois planejaram minha morte e ela me assassinou, envenenando-me.

— Peço-lhe desculpas novamente. Aprenderei a ser discreto.

Maciel sorriu. Despediram-se. Kim voltaria, após ter concluído seu estudo, para trabalhar no Departamento junto do seu novo amigo.

O curso que faria se iniciaria só no começo do mês; teria que aguardar. Kim lembrou de Regina, de sua expressão triste. Pediu permissão para tentar ajudá-la. Obteve. Feliz, foi passar dias com os familiares.

XIII

O Casamento

Kim chegou e encontrou Regina, Isabela e sua tia Rose fazendo o desejum. Regina estava calada, escutando sem prestar atenção na conversa da mãe e da irmã. Ao terminar, levantou-se e foi para a lavanderia lavar roupas. Regina fazia todo serviço de casa, até cozinhava com a mãe ou irmã perto, pois Rose temia que se queimasse. A mãe e Isabela trabalhavam na horta e atendiam as freguesas. Kim ficou escutando a tia e a prima conversarem.

— Mãe – disse Isabela –, estou muito preocupada com Regina. Está tão triste e esquisita. Não a entendo, não quer nem falar no Waldomiro. Não o quis, coitado, sofre por ser desprezado. Porém, acho que ela gosta dele. Sinto que sofre. Mas por mais que eu insista ela não me fala nada. Quero ajudá-la e não sei como. Se Kim estivesse aqui, ele me diria o que acontece com ela. Ele adivinhava tudo.

— Você não esquece de seu primo, não é? – perguntou Rose.

— Nunca vou esquecê-lo. Quando eu era criança, sonhava em me casar com ele. Fico pensando se já vivemos juntos outras vezes, em corpos diferentes, e se já não amei muito Kim.

Mamãe, lembra quando Regina falava isto? De outras vidas? Lembra aquela vez que falou a da senhora e levou uma surra?

— Claro que me lembro! Embora o melhor fosse esquecer. Passei tanta vergonha!

— Pois... – falou Isabela pensativa – será que Regina não está tendo outra crise? Ou... como se chama isto que ela tem: fenômeno? Não sei. Talvez seja isto que a faz ser tão esquisita. Está lembrando o passado de novo e não diz, porque jurou não dizer mais.

Bateram palmas, as duas encerraram a conversa e foram trabalhar.

Kim aproximou-se de Regina. Rose separava as roupas, esfregava as mais sujas, explicava para a filha e ela as lavava. Regina, agora moça, era esperta, trabalhadeira e tentava fazer tudo do melhor modo possível. Esfregava a roupa, enxaguava, torcia e as colocava no varal.

Era um exemplo. Mesmo com limitações – e a cegueira é uma bem acentuada – aprendeu a trabalhar. Levava uma vida saudável, sem compadecer-se de si mesma. Todos somos capazes quando queremos, quando colocamos a vontade acima das dificuldades. Certamente ela e os familiares sabiam que não podia haver perfeição no seu trabalho. Muitas vezes uma roupa lavada por ela ficava com manchas, mas ninguém falava nada para não desmotivá-la. Regina era independente e todos os deficientes devem ser educados, orientados, para que possam ser o mais independente possível. Regina não tinha visão, mas usava bem o que tinha, e não perdia tempo em lamentar o que não possuía.

Kim a abraçou carinhosamente e perguntou, fixando sua mente na dela:

— Que tem Regina? Que se passa com você? É por Waldomiro que sofre?

Ela não percebeu a presença do primo. Mas se pôs a pensar no ocorrido, escutando os pensamentos dela. Kim se colocou a par do que acontecia.

"Não posso confiar no Waldomiro. Diz me amar muito, mas já disse isto no passado. Não creio! Só me fará sofrer novamente."

"Isabela tem razão" – pensou Kim. "Regina soube do passado. Confunde com o presente. É por isto que no Departamento pedem cautela nas recordações. Os problemas dela devem ser as conseqüências do passado interferindo no presente. Vou tentar saber tudo e quem sabe ajudar."

Voltou a olhar a prima. Seus olhos parados, sem vida, não se fixavam em nada. Suas mãos movimentavam rápidas pelas roupas molhadas. Fixou sua mente nela novamente.

"Regina, pense no que acontece..."

Ela o fez, ele não precisou insistir; Kim compreendeu que a mocinha estava ultimamente pensando muito nisto. Lembrou-se de sua encarnação anterior em que foi casada com Waldomiro.

Os dois eram pobres, moravam numa fazenda. Conheceram-se, amaram-se e casaram. Mas ele era grosseiro e logo passou a tratá-la mal. Foram muitas surras, bebedeiras e traições. Teve uma vida difícil, criando os quatro filhos quase sozinha, trabalhando muito para sustentá-los. Logo depois que o último filho casou, ela desencarnou por um ataque cardíaco, deixando o esposo desesperado. Foi uma existência de privações e sofrimentos.

"Não, não quero passar por isto de novo" – pensou Regina enfezada, batendo a roupa com força. "Ainda mais agora cega, como iria trabalhar e sustentar filhos?"

Kim resolveu visitar Waldomiro; foi ao local onde ele trabalhava. Era empregado de uma fábrica, uma pequena indústria que instalara recentemente na cidade. Waldomiro vibrava bem, Kim gostou dele. Bastou que lhe falasse em Regina para ele pensar nela.

"Não sei por que Regina não me quer. Diz que não confia em mim. Mas não fiz nada para ela ter esta desconfiança. Deve ser complexo, como diz minha mãe. Entendo que ser cega não é fácil. Tenho de esquecê-la. Estou sofrendo muito. Ela não me ama e eu não posso continuar sofrendo assim. Estou namorando Claudinha, ela é boa moça, talvez venha a gostar dela. Regina acha que sou mau e que a farei sofrer. Não sei de onde tirou isto. Nunca irei fazê-la sofrer. Sempre pensei em fazer tudo para que ela fosse feliz."

Kim ainda usou dos seus conhecimentos, estava aprendendo a usá-los com controle, só quando queria. Descobriu mais algumas coisas. Voltou para a casa dos tios.

Foi até sua tia e intuiu-a para que pensasse na conversa que tivera com Isabela. Rose pensou e concluiu, com ajuda de Kim, que poderia ser o passado que a fazia sofrer. Kim pediu para que ela conversasse com Regina sobre isto, e a tia disse para a filha:

— Regina, você não teve mais aqueles lances de ver o passado das pessoas? Você não fala mais nada. Sei que jurou, mas lembro-lhe que juramento de criança não vale, quando se fica adulto. Também, você jurou depois que levou aquela surra da qual muito me arrependo.

— Esqueça isto, mamãe, mereci a surra. Eu a fiz passar tanta vergonha!

— Deveria ter entendido e a levado até o Senhor João. Ele ia resolver seu problema.

— Que problema? – indagou Regina. – Dei mais problemas?

— Não nos deu. Mas não os tem?

Regina calou-se e continuou seu trabalho, deixando a mãe sem resposta.

Almoçaram e Regina após lavar as louças, tendo um tempo livre, foi sentar no seu lugar preferido, debaixo de uma árvore no quintal. Kim aproximou-se, deu-lhe um passe e desejou intensamente que ela o ouvisse.

— Kim – disse Regina emocionada –, você está aqui? Sinto-o...

— Sim, Regina, estou aqui – respondeu contente, por ser ouvido. Somos eternos e a morte do corpo só nos faz mudar a forma de viver. Vim vê-la.

— Você está bem? É feliz? E vovô?

— Vovô está bem e eu sou muito feliz.

— Quero ir com você... – pediu Regina.

— Não vim aqui para isto! Se estou feliz é porque desencarnei no momento certo. Ninguém que vem antes da hora é feliz no Plano Espiritual. Você não deve desejar isto! Tudo tem seu tempo. Todos temos um período para ficar encarnado. Vim aqui para ajudá-la. Que está fazendo? Por que se nega a ser feliz?

Conversaram em pensamento. Este fato acontece muito. E são poucos os encarnados que distinguem este diálogo. A maioria julga que são só seus pensamentos. Aqui vemos uma interferência de um desencarnado bom querendo ajudar. Lembro os leitores também de que mesmo os que querem ajudar podem dar opiniões próprias, sem conhecimentos, e que disto nem sempre resulta uma ajuda real. Também, desencarnados mal-intencionados, querendo bagunçar ou mesmo prejudicar, podem usar deste artifício. Os encarnados devem ficar atentos até em seus pensamentos: orar, vigiar, ponderar e seguir os bons. E, se no momento não sabem se são bons, devem pedir opinião de um encarnado confiável, de preferência de uma pessoa boa e ponderada.

— Oh, Kim! Você não sabe! – respondeu Regina. – Descobri que no passado Waldomiro me fez sofrer muito.

— Ora, não sabia que era capaz de vingar. Vingança boba, já que sofre tanto como ele.

— Não estou vingando! – retrucou indignada. – Estou só me protegendo! Ele fez, e quem me garante que não fará de novo!

— Ora, se a gente não aprendesse a lição e ficasse em todas as reencarnações fazendo as mesmas coisas, seria só repeteco! Você mesma, Regina, já cegou seu pai. Tem vontade agora de cegar alguém?

— Deus me livre! Nunca faria isto!

— Mas já fez! Tia Rose já foi uma prostituta. E agora? Não é! Mas sim honesta, honrada, esposa fiel e mãe exemplar. Eu também, Regina, já fiz tanto mal...

— Não posso imaginá-lo fazendo mal, você tão doce, meigo e muito bom...

— Nem tanto – falou Kim rindo. – Vou-me esforçar para ser isto que acha de mim. As pessoas mudam, Regina. A maioria sente necessidade de mudar para melhor. Você deve saber mais uma coisa. Vamos lembrar de novo seu passado.

— Não quero, ele me machuca.

— Ele passou e não muda! – exclamou Kim. – Você está deixando que o passado atrapalhe o presente. É bom que lembre de tudo. Vamos! Olhe bem, você também errou. Reclamava de tudo, queria vida melhor, conforto que suas irmãs tinham. Falava tanto, que enervava o esposo, tão trabalhador e fiel no começo do casamento. Um fazendeiro quis conquistá-la, você não o repeliu e até encontrou-se com ele, sem, entretanto, ter acontecido nada de mais. Seu esposo soube, você nunca lhe disse a verdade e ele pensou que foi traído. Você dizia para incriminá-lo e ofendê-lo que não o amava e que nunca o amou. Seu esposo errou muito, mas você não agiu corretamente.

Regina chorou. Kim esperou que acalmasse.

— Kim! Kim! Ainda está aqui? – perguntou a mocinha.

— Estou...

— Por que só lembrei do que ele me fez?

— Porque nós temos sempre tendência de nos considerarmos vítimas. Não é fácil sermos ponderados, entender que ofendemos e que fomos ofendidos. Esqueça o passado e viva o presente! Reate com Waldomiro, ele a ama. Na outra encarnação, quando você desencarnou, ele sofreu muito. Sempre a amou, agora nesta aprende a amar sem mágoa, sem ofensa.

— Ele tem outra namorada...

— Mas ama você! É só você querer, ele volta. Regina, não deixe o passado interferir, fazendo-a novamente infeliz. Você reclamava muito na outra encarnação. Nesta, tem muito mais motivos para fazê-lo e não faz! Por favor, minha prima, não leve a sério este seu juramento. Você precisa entender o que se passa com você. Procurar uma orientação.

— Com o Senhor João, o Espírita?

— Sim.

— Kim, já tivemos juntos em outras existências? Nós nos amamos tanto...

— Não, Regina – respondeu o mocinho. – É a primeira vez que nos encontramos. Mas por que se espanta? Nosso objetivo deve ser amar todos. É tão bom ampliar nosso círculo de carinho! Amo você e quero-a feliz.

— Obrigada!

Kim a beijou na testa e falou carinhosamente.

— Vá, Regina! Faça agora o que tem vontade!

A moça levantou-se rapidamente e foi para casa gritando:

— Isabela! Isabela!

Esta veio correndo.

— Que foi, Regina?

— Isabela, quero que me faça um favor. Às quatro horas, Waldomiro sai da fábrica. Quero que vá esperá-lo e peça para ele me encontrar nas Pedras das Cruzes.

— Você tem certeza? Quer mesmo encontrar com Waldomiro? E por que nas Pedras das Cruzes? Foi lá que Kim morreu.

— Ora, Isabela, não discuta! Morreu? Kim só teve o corpo morto. Nosso primo vive e é feliz. Preciso falar com Waldomiro. Dê o recado e, se ele hesitar, diga que é urgente. Fale com ele e volte logo para me levar até lá. Não diga nada a mamãe, se ela nos vir saindo, diga-lhe que só daremos um passeio.

Isabela não questionou, ficou contente em ver a irmã animada e tratou de fazer o que lhe fora pedido.

Waldomiro estranhou ao ver Isabela. Ela acenou chamando-o. Ao lhe dar o recado, o coração dele disparou, aceitou contente.

— Diga a Regina já que vou para lá.

— Então terá que esperar, vou em casa e depois levarei Regina até lá. Sabe, ela não anda depressa.

Regina se arrumou. Esperou ansiosa a volta da irmã. Quando Isabela chegou e lhe falou que Waldomiro ia ao encontro, ficou contente.

— Regina – disse Isabela –, Waldomiro ficou feliz com o recado. Espero que não seja para brigar com ele.

— Não, não irei brigar com ele. Ajude-me a me arrumar, quero que ele me ache bonita.

Isabela ajudou a irmã a se enfeitar e as duas saíram sem serem notadas. De mãos dadas, caminharam rápido para o local do encontro.

— Ele está lá, Regina – avisou Isabela –, já nos viu.

— Você me leva e espera num lugar que ele não veja. Se

notar que está tudo bem, pode ir, caso contrário, venha me buscar para me levar para casa.

Isabela a deixou e saiu rápido. Ficou, como a irmã pediu, atrás de uma pedra e esperou.

— Oi, Waldomiro – disse a mocinha, tímida.

— Oi, Regina. Como está? – disse Waldomiro também encabulado.

Regina achou que deveria ir direto ao assunto, senão perderia a coragem.

— Quero falar com você. Diga-me, você ainda me quer?

Waldomiro abaixou a cabeça. Tentou adivinhar o que ela pretendia. Depois a olhou, achou-a linda e percebeu que estava nervosa. Resolveu ser sincero como sempre. Respondeu baixinho:

— Quero-a, e muito!

— Waldomiro, me abrace. Amo você!

Surpreso, o moço ficou parado por instantes, depois a abraçou com carinho.

— Regina, meu amor!

Isabela espiou, segurou para não dar um grito de alegria ao ver os dois abraçados. Contente, voltou para casa. Kim a acompanhou feliz. Mas voltou. Achou que deveria levar os dois a conversarem e se entenderem de vez.

— Por favor, Regina – pediu Waldomiro –, se me ama, por que me desprezou? Por que desconfiou de mim? Nunca irei maltratá-la.

— Agora entendo. Acredito em você. É um assunto complicado.

— Não acha melhor me dizer? Complicado ou não devemos agora resolver juntos todas as dificuldades. Que a fez mudar?

— Kim...

— Seu primo morto?!

— Não lhe disse que é complicado? – murmurou Regina.

— Nem tanto. Conte-me tudo.

Regina, então, contou todos os acontecimentos. Engasgou ao falar do juramento.

— Regina – disse Waldomiro com carinho –, este juramento não tem razão de ser. Se me tivesse falado antes... Minha mãe é médium, tem ido no Senhor João e melhorou muito. Ela disse que é normal conversar com mortos, desencarnados. Já fui até lá e gostei. Se você quiser, levo-a e verá que tudo se explica, torna-se natural. Kim é o máximo! Que primo legal! Me devolveu você!

Riram felizes e passaram a fazer promessas de amor como todos os enamorados. Kim sentiu uma felicidade diferente. Emocionado exclamou alto:

"Como é bom fazer o Bem!"

O casal combinou todos os detalhes. Ele ia terminar o namoro naquele dia mesmo e, na festa da padroeira no final da semana, iam se encontrar e diante de todos reatariam oficialmente o namoro – agora já reatado.

Assim sucedeu.

Regina passou a ir ao Centro Espírita com Waldomiro. Ciente de sua mediunidade, estava aprendendo, a fim de poder trabalhar com ela para o Bem de si mesmo e de outros. O casamento foi planejado, iriam morar perto da casa dos pais dela e, depois de casados, iriam realmente se dedicar ao Espiritismo.

Kim estudava com gosto, aprender era um prazer. Logo iria trabalhar com Maciel, que estava muito feliz por ter conseguido socorrer sua mãe.

Também Manoel estava contente: havia libertado o excunhado e o internara num Posto de Socorro. Matilde e seu amante estavam se modificando, ele tinha a certeza de que os socorreria em breve.

Foram todos ao casamento.

Parentes e amigos encarnados se enfeitaram alegres. E eles, os entes queridos desencarnados, aguardavam emocionados na igreja.

Kim olhou para Isabela, estava linda no seu vestido de festa. Aproximou-se dela. Ela estava muito feliz, orava e ele escutou emocionado:

"Deus, Pai de todos nós, faça com que Kim esteja tão feliz quanto a gente. Kim, meu primo querido, se pode me ouvir agora, meu obrigada. Não poderia estar aqui, se não fosse você. Nunca deixarei de ser grata, morreu para me salvar! Pai Nosso que estais..."

Kim voltou ao seu lugar junto com Manoel, Luís, seu avô Xandinho, seu pai e sua mãe. Olhou para Waldomiro, que estava felicíssimo. A noiva entrou na igreja. Regina estava, como todas as noivas, nervosa ao lado de seu pai. Muito bonita, um véu lhe cobria o rosto. Kim pensou:

"O véu lhe cobre o rosto, mas todos sabem que atrás dele há uma fisionomia. O véu cobre nosso passado, impedindo-nos de recordá-lo, mas sabemos que ele existe..."

Felizes escutaram:

— Declaro-os marido e mulher...

Kim exclamou feliz, levando os amigos a sorrirem:

— Como somos beneficiados com a reencarnação! Obrigado, meu Senhor, meu Deus!

Leia também as outras obras de Vera Lúcia Marinzeck de Carvalho:

Escravo Bernardino
espírito Antônio Carlos

Escravo Bernardino retrata um período de dor e sofrimento da História do Brasil, contado pelos próprios personagens que viveram, na carne, a força da opressão e da dominação dos senhores de engenho.

Na espiritualidade, porém, as conseqüências das experiências vividas na Terra ganham seu verdadeiro contorno, sem distinção de raça, cor ou esfera social. A vida ganha amplitude maior. O esclarecimento e o perdão avançam com a educação espiritual.

Por toda essa emoção, *Escravo Bernardino* é um livro repleto de ensinamentos edificantes. Uma lição de bondade, amor e humildade.

Rosana, a Terceira Vítima Fatal
espírito Antônio Carlos

Rosana e Rafael são dois personagens vítimas da violência em uma pequena cidade do interior. Medo, angústia, assassinato e morte. Porém, a dor dos crimes inesperados é substituída pelo despertar de uma nova vida além-túmulo. *Rosana, a Terceira Vítima Fatal* é um romance repleto de momentos de suspense, tensão e ternura. Ao lado do clima denso da trama que encadeia a estória, ergue-se paralelamente uma ponte de luz através da qual todo o enredo será compreendido dentro dos postulados básicos do Espiritismo.

O Rochedo dos Amantes
espírito Antônio Carlos

Uma estranha história de amor ocorrida no litoral brasileiro, num lugar de nome singular: Rochedo dos Amantes. Neste cenário se desenvolve toda a trama deste romance que traz todos os ingredientes indispensáveis da boa literatura espírita: amor, mistério, disputa entre grupos desencarnados e o auxílio da espiritualidade ao jovem Jair, personagem de um enredo emocionante e surpreendente.

E mais:

Aconteceu
A Casa do Escritor
Cativos e Libertos
Copos que Andam
Filho Adotivo
Mansão da Pedra Torta
Muitos são os Chamados
Palco das Encarnações
Perante a Eternidade
Reconciliação
Reparando Erros
O Talismã Maldito
Violetas na Janela
Vivendo no Mundo dos Espíritos
O Vôo da Gaivota

Impresso nas oficinas da
Gráfica Palas Athena